ケの美

あたりまえの
日常に、宿るもの

佐藤卓 編著

新潮社

この本について

佐藤　卓

ハレとケ。それなりに耳にする言葉だけれど、上手に説明することは難しい。さらに漢字で書こうとすると、「晴れ」に加えて、いささか複雑な「褻」という文字が組み合わされ、かなり厳めしい顔つきになる。古くは「ハレ」と「ケ」ではなく、一語で「ケハレ（褻晴れ）」といったようだ。言葉自体は鎌倉時代初期には見られるが（〝けーはれ【褻晴】〟平常と儀式ばった時。公私。内外。転じて、ふだん着とよそゆき。小学館『日本国語大辞典』）、これを日本文化の構造を解釈するための概念として提唱したのは、民俗学者の柳田國男だった。かつては画然としていたハレとケの区別が、近代化と共に曖昧になっていくところに、柳田は民俗の変容を読み取ろうとしたわけだが、いまだ議論の続く学問領域での定義については、ひとまずおいておこう。

いずれにしても、通常はセットで用いられることの多い概念から、あえて「ケ」だけを取り出したらどうなるのか。そんな考えから、この展覧会――「ケの美」展は始まった。

発端は、10年以上仕事を共にしているオルビス株式会社が、２０１７年に創業30周年を迎えるのを機に、記念となる展覧会のディレクションを依頼してくださったことだ。テーマを設定するにあたって、「オルビスの提供している価値は、ケを充実させるためのもの」という着眼から、「毎日あたりまえに繰り返される日常生活の中における『ケ』に着目し、さらにそこに潜む『美』とは何かを（中略）浮かび上がらせ」る展覧会として企画した。

これまでの自分の活動を振り返っても、生活者の意識にはほとんど上らないけれど、日常の滑らかな進行のために、その裏で精密に働いている大量生産品のデザインを手がけたり、あるいはその意味を読み解く展覧会や書籍を企画するなど、言うなれば「ケ」の領域のデザインに、そうと意識しないまま、ずっと取り組んできたと言えるのかもしれない。

そうなると、ここで「ケの美」がテーマとなるのはむしろ必然とさえ思えるが、真摯に取り組んできただけ、考えるほど「ケの美とは？」の定義がわからなくなった、というのが正直なところだ。本書の対談で「『自分が表現すること』への興味が薄れてきている」と語ってしまったが、結果的に私自身が考える「ケの美」としてなにかしら結論を出すのではなく、「日常生活に新たな提案をし続けている、クリエイターたちが考える『ケの美』」を提示し、観客や出品者とともに全員があらためて考えてみよう、という展覧会となったように思う。

出品者の顔ぶれもさまざまになった。土井善晴（料理研究家、「おいしいもの研究所」代表）、柴田文江（プロダクトデザイナー、「デザインスタジオエス」代表）、隈研吾（建築家、「隈研吾建築都市設計事務所」代表）、千宗屋（茶人、武者小路千家家元後嗣）、石村由起子（空間コーディネーター、「くるみの木」代表）、緒方慎一郎（デザイナー、「ＳＩＭＰＬＩＣＩＴＹ」代表）、小川糸（作家）、小山薫堂（放送作家、脚本家）、塩川いづみ（イラストレーター）、原田郁子（「クラムボン」ミュージシャン）、松場登美（デザイナー、「群言堂」代表）、皆川明（デザイナー、「minä perhonen」代表）、柳家花緑（落語家）、横尾香央留（手芸家）。

職業も生き方も、恐らく価値観もまったく異なる一方で、これまで私が有形無形の刺激を受けてきた人々を招き、それぞれにとっての「ケの美」にあたるものや、それを説明する言葉を集めて構成し、「ケの美」展が完成した。本書では、出品物やテキスト、会場写真などをもれなく収録し、展示に足を運べなかった方、あるいは展示を見た上で、もう一度考えてみたい方に、あらためて「ケの美」展を体験いただけるよう、編集している。

ところで、ここまでのすべては、過去の「ケの美」展を紙上で再生するものとなった。

そこで、展示から1年近くを経て、ケの美とは何か（最終的な答えは出ていないにせよ）、展覧会を通じてどのように思考を広げ、いま何を、どのように考えているのか、そもそも「日常」をこれほど重視しているのはなぜなのか、これからデザインにとって何が必要なのか――といったところまで、今回の展示にも「ハレとケ」の解説を寄せることでご協力いただいた橋本麻里さんに問いかけてもらい、後半に対談として収録した。

結局のところ、展覧会から誰よりもインスピレーションを受けたのは私に違いない。「自分がどう考えるか」ではない場所から、未来のデザインの可能性を想像する。そんな挑戦のひとつとして、本書を味わっていただければ幸いだ。

目次

料理研究家

土井 善晴

どい・よしはる　1957年生まれ。「おいしいもの研究所」代表。十文字学園女子大学特別招聘教授。学習院女子大学講師。日本の料理を初期化し、命を作る家庭料理の本質を伝えつつ、変化する料理とその周辺を考察した食文化を提案。食の場のプロデューサーとして、地域食の洗練化、レストラン総合開発にも携わる。開催する講座に「土井善晴の勉強会」「土井善晴のお稽古ごと」など。テレビやラジオの出演も多く、「おかずのクッキング」（TV朝日）、「視点論点」「きょうの料理」「ラジオ深夜便」（すべてNHK）、「土井善晴の美食探訪」（BS朝日）など。著書に『おいしいもののまわり』、ベストセラーとなった『一汁一菜でよいという提案』（共にグラフィック社）など。

一汁一菜の道具ひとそろい

「ケの美」とは、日常の営みという生き物の秩序の中に現れる美しさです。だれにでも見えるあたりまえの事と物、または行為。それらが、ほんとうに無くなったときは、すでに、その生き物は滅びているのです。

人間は料理することで人間になりました。人間になってから料理をしたのではありません。料理という外部消化によって、人間という姿になり、その余財を以て「賢さ」と「時間」を手に入れました。「時間」すなわち「余暇」をもったとき、原初的行動である料理は、愛情のやりとりの場と、教育・学習機能を備えました。人間は、料理という戦略を以て生きのび、一緒に、心地よきもの、充実した気持ち、優しさという情緒、幸福感を手に入れたのです。それは、雨を集めて、水の流れを作り、川になり、海に豊かさをもたらすように、一貫して美しく、ごく自然に行われるもの。

東アジアの孤島は、生き物の天国であるモンスーン地帯に属しながら、暖流に守られ、四季のある穏やかな気候風土にある。豊かな自然に寄り添うように、人々は大自然に畏敬の念を持ち、畏怖し、共鳴し、見えないなにかに伺いながら、土地を耕し、水を張り、稲を育てた。米を収穫し飯を食う。飯についた黴(かび)である米麹（アスペルギルスオリゼー）と、田のそばにあった大豆と塩を混ぜて、熟成したとき味噌ができていた。大自然に寄り添い暮らすことは、秩序を乱さぬ知恵となりました。

ケの食事の汁・飯・香は、大自然の恵みそのもので、自然の花や山川を眺めるごとく、我々を飽きさせることはありません。そこに人間がつくったと言えるものは何一つありません。人間の内なる自然と大自然の交わりは、時に心に湧き上がる感動となり、「美」という姿で現れ、正しさを教えてくれるばかりか、私たちを心底、安心させてくれるのです。しかし、それは、あまりにも日常化した美であり、すでに目にとめられることもなくなっていました。あたりまえの事と物、またはその行為は、膨大な情報という刺激的なものに打ち消され、すでに、見えにくく、感じられにくくなっていたのです。今、そういった人間の作り出したイデオロギー、未完成な秩序の違和感に疲弊したものたちは、直感的にすっきりとした居場所を求め、逃げ出そうとしています。

汁・飯・香、持続可能な一汁一菜にある伝統のスタイルは希望。東アジアの孤島に住むものを再び大自然に近づける。何もないところに、新しい暮らしが始まると、すべての個を平等に、自由にし、その感受性は再び正しく機能し始める。そして、大自然の秩序の心地よさを、おのずから思い出させてくれるのです。

秩序とは、お天道様を起点とし、草木の正しさを伝えるもの。それは「心地よい」という根源的な感覚にあらわれる、頭で考えることではないもの。私の身体をつくっているすべての真核細胞や原核細胞の一つ一つが感じる総体を認め、その時間とプロセスにある感覚を、原初的幸福感と呼んでみた。それは現代社会が求める成果と結果にある人工的幸福感と一致しない。今、科学文明を都合よく利用する資本主義経済は欲望と結託して、人類絶滅という限界にまで肥大しようとしているのです。

土井さんの日々の食事

Photo: Yoshiharu Doi

3	1
4	2

土井さんの日用品

1　アイヌのイタ（お膳として使用）
2　燻し古材肘枕（デスクワークに使用）
3　うどん鉢（昭和30年代のもので子供の頃から使用）
4　藍染シャツ（カリヤス）

プロダクトデザイナー

柴田　文江

しばた・ふみえ　「デザインスタジオエス」代表。武蔵野美術大学教授。エレクトロニクス商品から日用雑貨、医療機器、ホテルのトータルディレクションまで、インダストリアルデザインを軸に幅広い領域で活動をしている。代表的な作品に、「体にフィットするソファ」（無印良品）、「けんおんくん」（オムロン）、カプセルホテル「9h（ナインアワーズ）」、庖丁「庖丁工房タダフサ」、「次世代自販機」（JR東日本ウォータービジネス）、「unitea」（キントー）などがある。毎日デザイン賞、グッドデザイン金賞、ドイツ・iFデザインアワード金賞、ドイツ red dot design award など多数受賞。著書に『あるカタチの内側にある、もうひとつのカタチ』（ADP）。

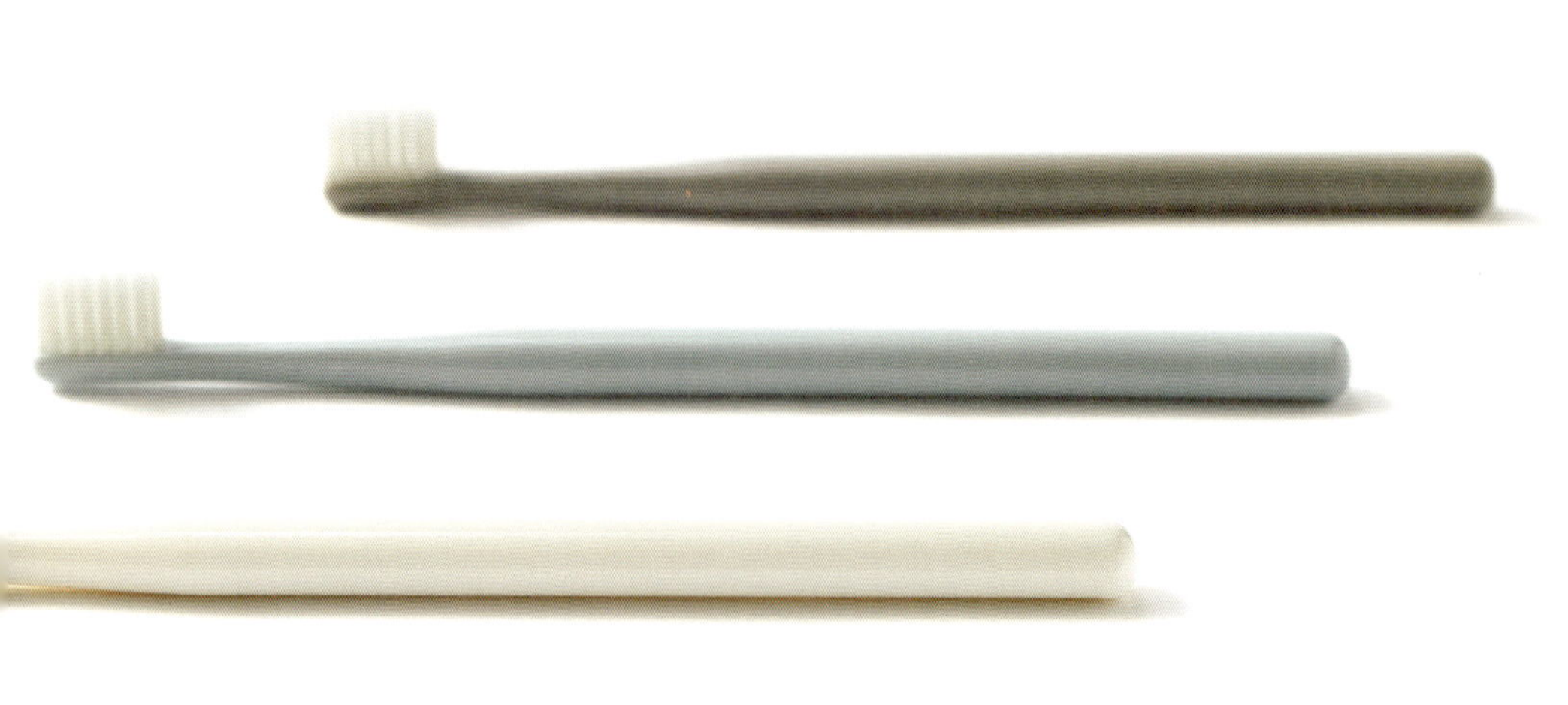

歯ブラシ

この頃は視覚偏重、見た目重視、フォトジェニックな時代だというのを日常のあらゆる出来事の中で実感します。写真をネットにアップして大勢の人と共有したり、目の前にあるきれいなものを瞬時に遠くのどこかに住む誰かに伝えられる世の中では、美しさを受け取る受容体が目と脳ミソだけになってしまったような錯覚をおこします。そこにある情報は一目見てわかるように整理されていて、ある意味で極端であり、それでいて平らです。広くて薄い認識で世の中の価値が作られてしまいそうな不安を感じることもあります。

しかし私たちが本来持っている人間らしい身体的な知覚に立ち戻ると、手や肌で感じ取れることは、流行や理屈などが及ばない綿密で分厚い情報です。静かに皮膚を伝って心の深部に届くそれは、自分の中に閉じられた感覚であっても誰もが同じように感じられ共有できるものです。そしてそれは持続して記憶となってゆきます。

ここにある歯ブラシはそういう手肌の感触を拠り所にしてつくりました。安価なプロダクトですが繰り返し毎日使うモノだから、感触や口当たりがモノの要となるからです。デリケートな口腔内では少しの凹凸が使いごこちを左右するので、樹脂の作りをコントロールして毛の土台になるカタチを極力滑らかにそしてミニマムにしました。目を閉じて使っていても方向がわかるように断面のカタチを上下で変えています。歯をいろいろな角度から磨くために、グリップする位置を固定しないストレートなハンドルに拘りました。

役割のために工夫されたカタチの中に立ち上がる美があります。作業を助け所作を美しくする道具などに見られる、使う人に真っすぐ向かってつくられた物の中にある美しさです。それは誰に見せるでもなく何かを飾り立てるでもなく、ただただ使いごこちが良いモノのことです。使う毎に軽快で、日常を共にするのも楽しく、手肌になじみ、日ましに味わいを深め、やがて愛着へと至ります。その過程の一切を「ケの美」というのではないでしょうか。計り取れないほど鋭敏な手肌の感覚から認知の奥で感じとる使いごこちが日々を重ねて暮らしを仕立ててゆく、今の時代にあってそれはとても大切なことなのだともう一度わかるのです。

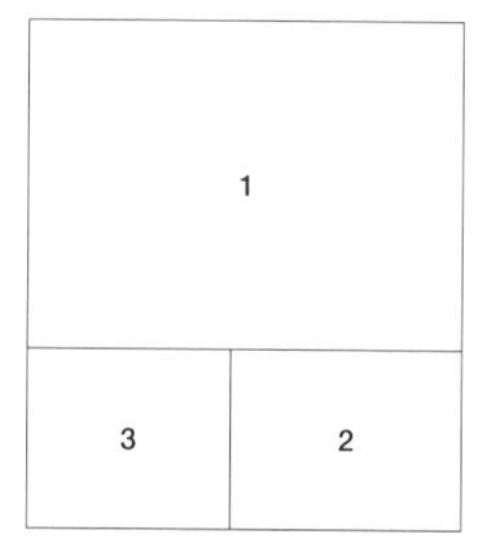

柴田さんの日用品

1 ソーイングセット

2 コットン（顔パック用）

3 トゥセパレーター

handmade
in Germany
»DOVO«
Solingen

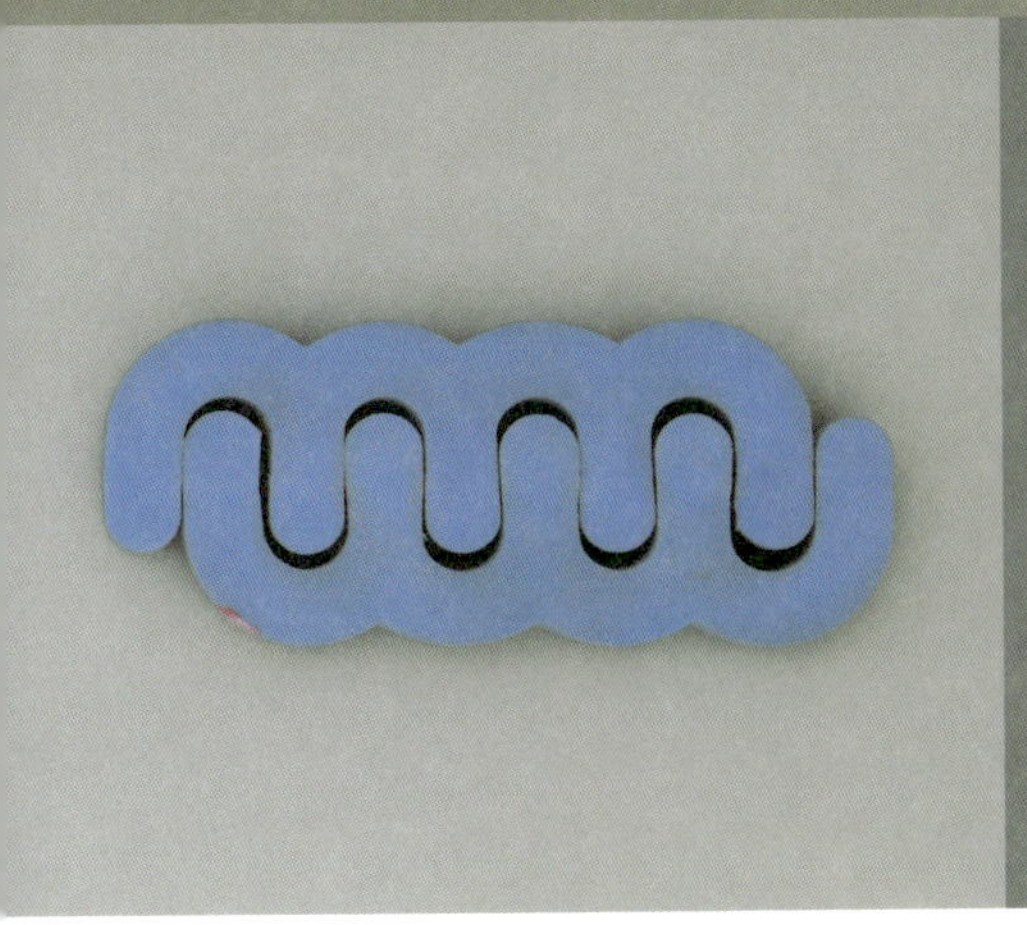

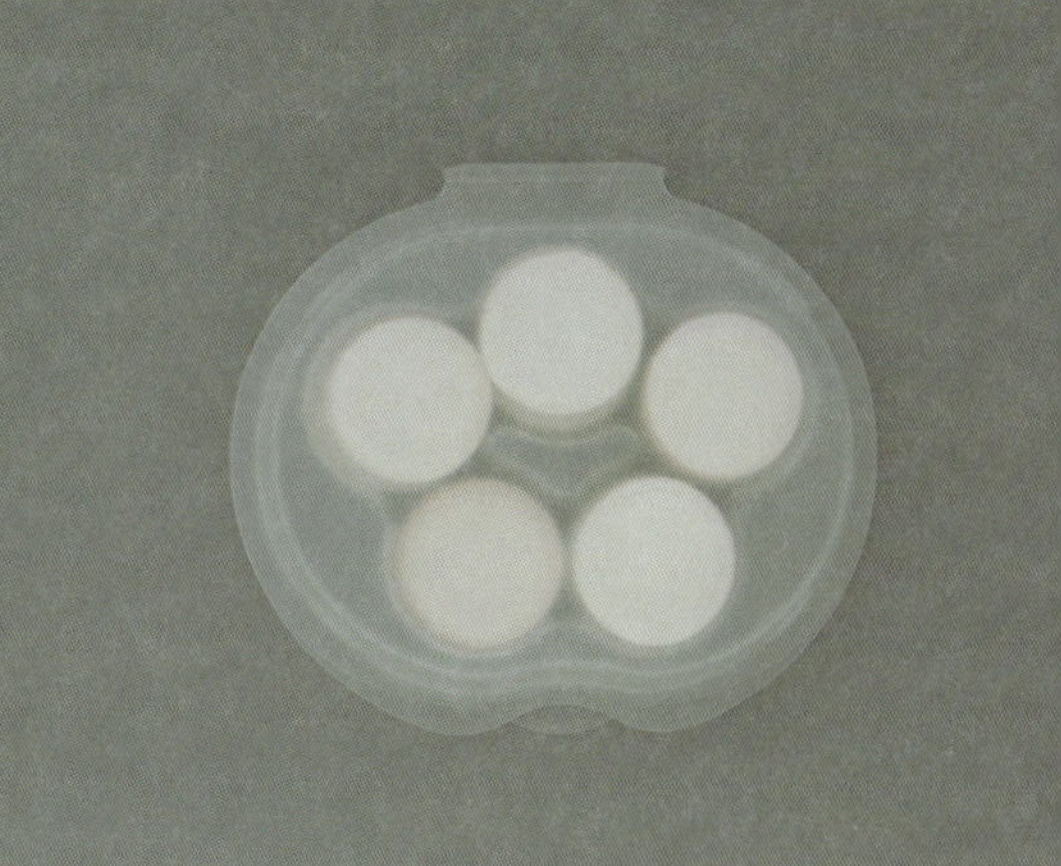

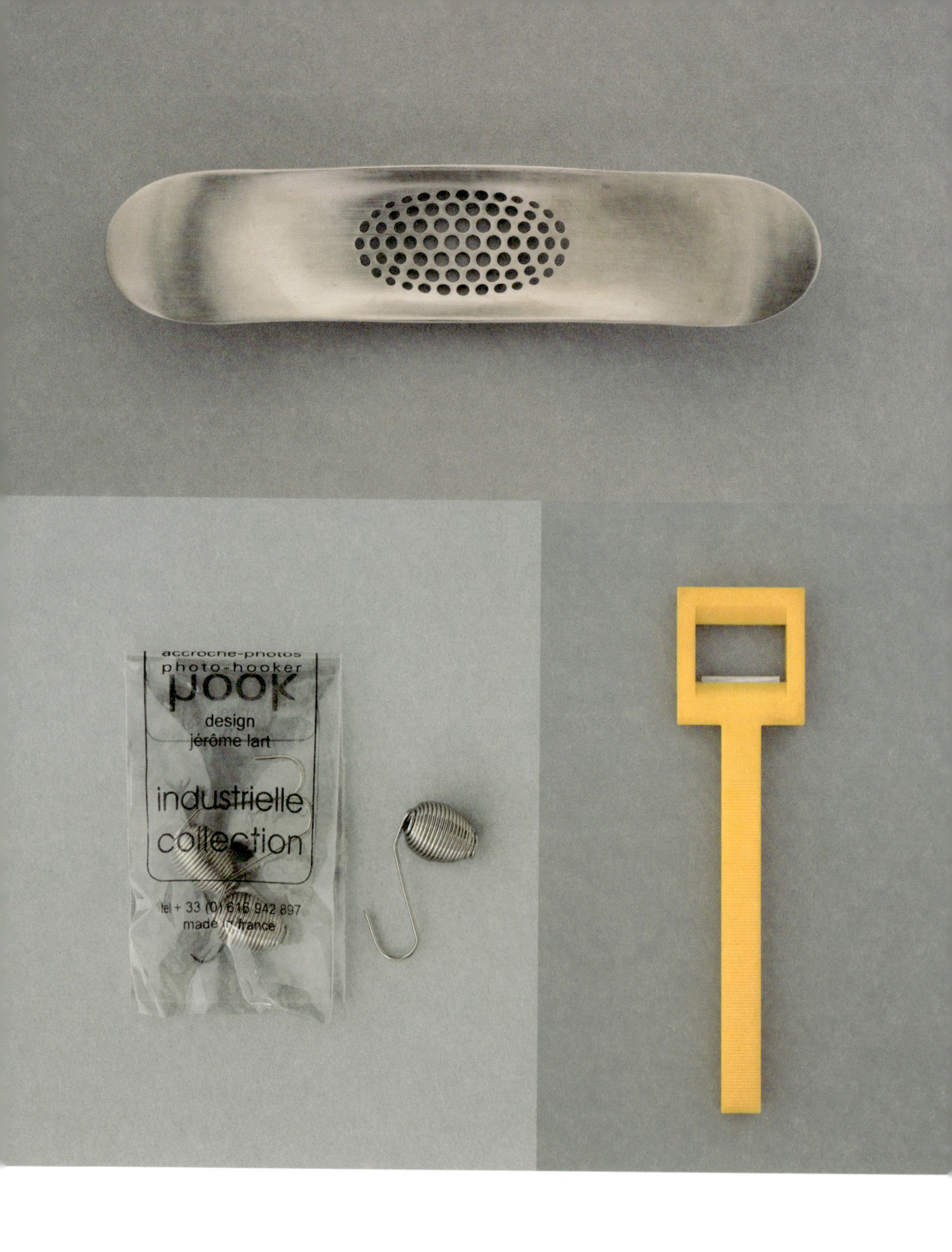
accroche-photos
photo-hooker
design
jérôme lart
industrielle
collection
tel + 33 (0) 616 942 897

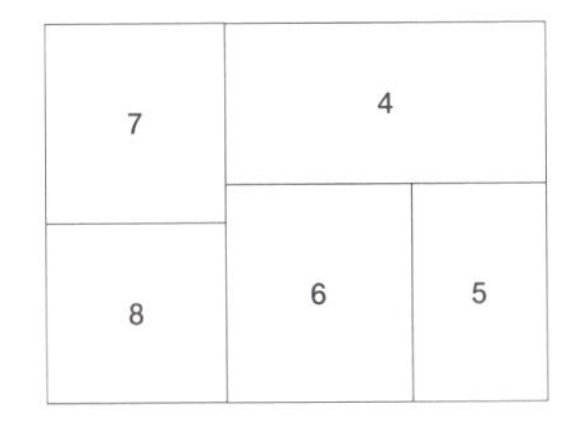

柴田さんの日用品

4　にんにく潰し

5　栓抜き

6　カードホルダー
（コイル部にカードを挟み、
フックで自由に吊るすことができる）

7　フェイスパウダーブラシ

8　ジャーオープナー

建築家

隈 研吾

くま・けんご　1954年生まれ。79年、東京大学大学院建築学科修了。90年、隈研吾建築都市設計事務所設立。慶應義塾大学教授を経て、2009年より東京大学教授。97年「森舞台 登米町伝統芸能伝承館」で日本建築学会賞、10年「根津美術館」で毎日芸術賞、その他、国内外からの受賞多数。近作に「サントリー美術館」「浅草文化観光センター」「アオーレ長岡」「歌舞伎座」「ブザンソン芸術文化センター」「FRACマルセイユ」等。新国立競技場の設計にも携わる。著書に『自然な建築』『小さな建築』（共に岩波書店）、『建築家、走る』（新潮社）、『僕の場所』（大和書房）、『広場』（共著、淡交社）など。

刷毛引き仕上げの土間

日本には、ハレとケという空間の二分法がありますが、西欧の伝統的建築でもよく似た空間分類の仕方がありました。served space（おつかえされる空間）と servant space（おつかえする空間）という二分法です。そもそも伝統的に、西欧は階層的、身分的な社会システムが存在し、それに呼応するように主空間―従空間の二分法がありました。二十世紀のモダニズム建築は、階層的社会の否定を合言葉にスタートし、民主的な自由、平等の社会に対応した、壁のない、流れるような空間を提案しました。なるべく一室空間がのぞましいとされ、二分法のことは誰も忘れてしまいました。

そのモダニズムの一室空間に対してアンチテーゼを唱えたのがアメリカの建築家ルイス・カーン（1901-1974）です。彼は served と servant という言葉を用いて、空間のヒエラルキーを復活させました。

カーンの建築はメリハリがきいていて、カチッとした感じですが、用語の背景にある主人とサーバントという言葉づかいに、僕は違和感があります。人間自体に主従の別があるはずはなくて、同じ人間が、ある時はハレを演じ、ある時はケを演じるのではないかと僕は思うのです。ハレとケとは、非階層的な日本社会にぴったりのターミノロジー（用語）だと思います。

西欧流の主従の場合には、空間のスケールが主従を決定します。大きな空間、天井の高い空間、明るい空間がハレの空間です。ハレとケの場合には広い意味でのテクスチャーが決定します。だから僕は、徹底的にテクスチャー（たとえばザラザラとか、ツルツルとかフワフワ）にこだわるわけです。

ハレの場合は固めに、そしてピカピカ、ツルツル系に振ります。ケの場合は、ザラザラ系でフワフワ系に振ります。モルタルの刷毛引きという床の仕上げは、ザラザラしてフワフワして、ケの時の自分にぴったりなのです。

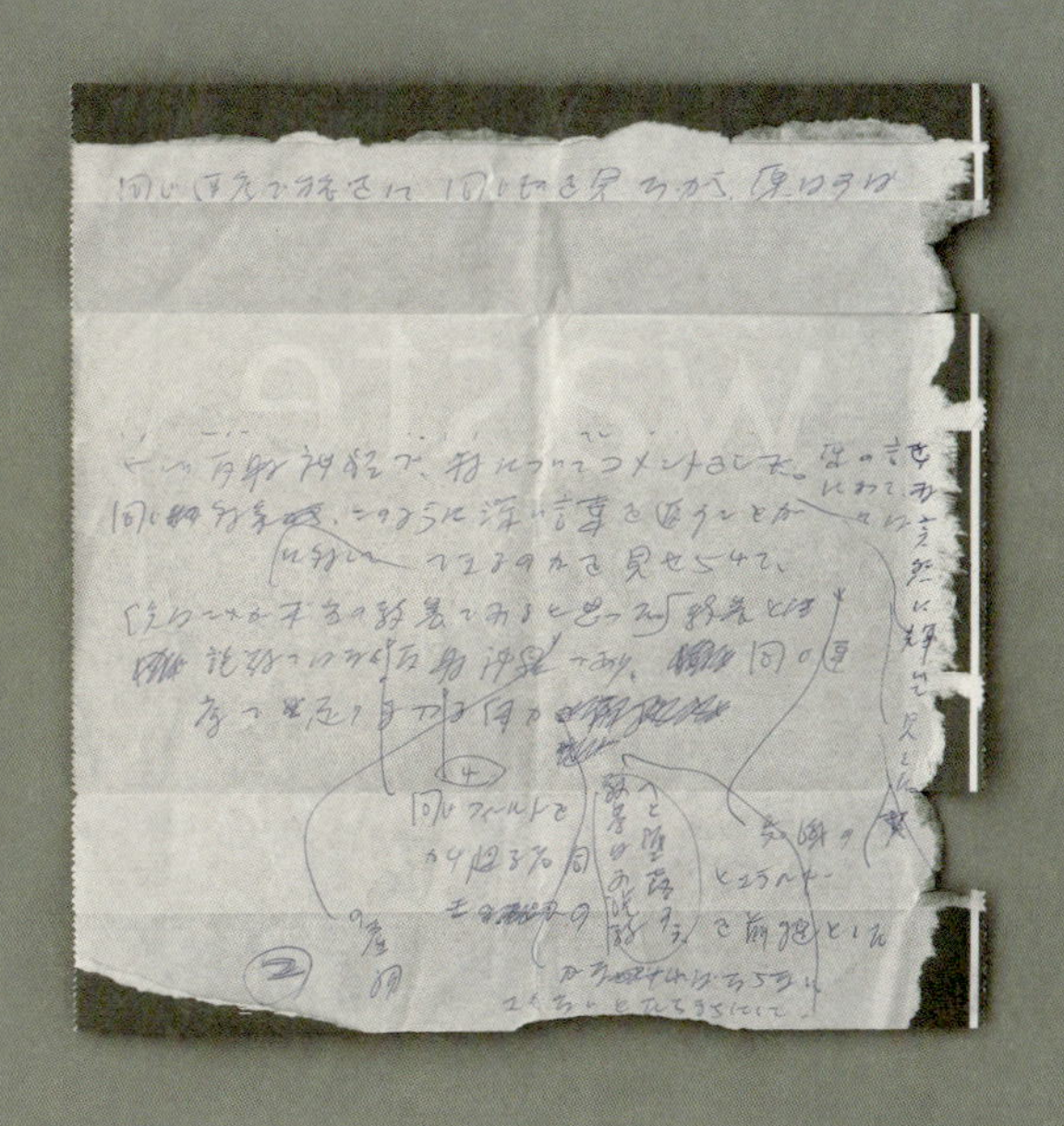

1

2

隈さんの日用品

1・2　エチケット袋を裂いて、原稿を書く

6	5	3 / 4

隈さんの日用品

3　スリランカで買ったサンダル

4　眼鏡拭きのガーゼを、ハンカチとして使っている

5・6 カバンひとつで2週間でも旅行する

武者小路千家家元後嗣

千 宗屋

せん・そうおく　1975年、京都生まれ。慶應義塾大学大学院修士課程修了（中世日本絵画史）。2003年に、茶道三千家の一つ、武者小路千家十五代次期家元として後嗣号「宗屋」を襲名。茶道具のみならず古美術、現代アートにも造詣が深く、芸術家や建築家など他分野とのコラボレーションに精力的に取り組む。また、08年には文化庁文化交流使としてアメリカ・ニューヨークを拠点に世界各国で活動するなど、活躍の場を広げている。京都府文化賞奨励賞、京都市芸術新人賞受賞。著書に『茶　利休と今をつなぐ』（新潮社）、『もしも利休があなたを招いたら　茶の湯に学ぶ〝逆説〟のもてなし』（角川書店）、『茶味空間。茶で読み解くニッポン』（マガジンハウス）等。

茶筅

武者小路千家形 紫竹製

「ケの美」について考えるという遠大なテーマを頂いた。いうまでもなく非日常と日常を区別する柳田國男が提唱した視座「ハレ」と「ケ」のうちのことだ。「ハレ」は、日常を離れた「晴」やかなハレ。お正月や結婚式、春秋の祭等人生や季節の節目に巡ってくる祝祭的な時間と場を指す。晴れ着や「今日は晴れをさせていただいた」などそのことばは今も日常に残る。いっぽうの「ケ」はその対概念で日常そのものを指す。テレビやスマホも無い昔、大方の人々にとっての日常は、日の出と共に起きて労働にいそしみ、日没と共に終わる極めて単調な日々の繰り返しであったろう。そのぶん年に数度あるハレの日は見るもの着るもの食べるもの、格別であったに違いない。いまは日々ご馳走を食べられるし、お祭り並みに賑やかしいことが日常を彩る。結果、昔のハレはケとなり、日常からハレとケの区別が消えつつあるように思う。

そしてまたケも大きく変化した。かつてはハレとケは単純な対概念ではなく、各々がそれぞれの性格を複合的に内包していたのではなかったか。一見単調な日常の中にも客を迎えたり、食事の際は家族一同がそのための部屋に集まり威儀を正して食をとるというハレの時と場が存在していたはずだ。ハレとケが単純な二項対立と捉えられがちな現在、日常からハレが消失し、ハレとケは極めて表面的な対概念として理解されているように思えてならない。ゆえに「ケの美」と言われてもピンと来ない。

現在、多くの人にとってもはや茶の湯は「ハレ」のものだろう。生活の場から和室が消え、着物も消え、季節感も消え、そういった嗜みのもと一碗の茶を親しい人との交わりの中で愉しむという風習は日常からほとんど消滅したに等しい。着物に着飾って茶会に赴くというハレの場においてかろうじて残っているといえる。茶の湯の家に生まれ日々の営みの中に茶の湯を据える絶滅危惧種の私にとっては、茶の湯はまず日常だ。しかし、一日の流れの節目でお茶を頂く時間は、背筋を伸ばし、お気に入りの茶碗を選び、抹茶を漉し、お湯を沸かし、茶碗を温め、お菓子を選びと、特別な時間となる。つまり日常の中の非日常、ケの中のハレの時間だ。

そんな日常の茶を象徴する美はおろしたての真新しい茶筅につきる。数ある茶道具の中で、茶筅と茶巾は消耗品として基本的に新しいものが求められる。もちろん常の茶に毎回新品をおろすことは無いが、たまに真新しいものを糊で固定された紙箱から外し、お湯に潜らせるときの晴れがましさと、一寸の後ろめたさにはいいようのない格別なものがある。特に武者小路千家の茶筅は紫竹を素材として、利休以来の古風なまっすぐの「開き形」。一度湯に潜らせるとその直線は緩やかな曲線に変化する。一度きりの贅沢、ケの中のハレを象徴するようなひとときだ。茶筅を握る瞬間、日常から一瞬乖離し非日常へと意識は次第に没入する。やがて茶碗を両手で包み、緑の茶と同化して啜一啜。そして茶碗から口を離し、ほっとひと息。意識はゆるやかにまた日常へと戻っていくのだ。

千宗屋さんの日用品

1　黒高麗茶碗　朝鮮時代　16世紀

<table>
<tr><td>5</td><td rowspan="2">4</td><td>2</td></tr>
<tr><td>6</td><td>3</td></tr>
</table>

千宗屋さんの日用品

2　引出黒茶碗 自作 内田鋼一焼 2016年
3　イタリア白 カフェオレボウル茶碗 20世紀
4　モロッコ色絵茶碗 銘新邊宿（アラベスク） 20世紀
5　青白釉ボウル マルガーテン・ヘェーエ工房 2016年
6　伊部茶碗 備前・ゆう工房 2017年

オルビス30周年記念
「ケの美」展

［展覧会ディレクター］
佐藤 卓　グラフィックデザイナー

［撮影］
広川泰士　写真家

［技術協力］
橋本俊行　aircord inc.

©minä perhonen

illustration: Izumi Shiokawa
title: Kaoru Yokoo

© Tomi Matsuba

［参加作家］　※50音順

石村由起子　「くるみの木」代表／空間コーディネーター
緒方慎一郎　「SIMPLICITY」代表／デザイナー
小川 糸　作家
隈 研吾　建築家
小山薫堂　放送作家／脚本家
塩川いづみ　イラストレーター
柴田文江　プロダクトデザイナー
千 宗屋　武者小路千家家元後嗣
土井善晴　料理研究家
原田郁子　「クラムボン」ミュージシャン
松場登美　「群言堂」代表／デザイナー
皆川 明　「minä perhonen」代表／デザイナー
柳家花緑　落語家
横尾香央留　手芸家

©Yoshiharu Doi

2017年11月17日[金]―12月24日[日]

会場　ポーラ ミュージアム アネックス
〒104-0061 東京都中央区銀座1-7-7 ポーラ銀座ビル3階

開館時間　11:00–20:00
入場無料／会期中無休／入場は閉館30分前まで

主催　オルビス株式会社、株式会社ポーラ・オルビスホールディングス

協力　aircord inc.、五十嵐瑠衣、
株式会社佐藤卓デザイン事務所、橋本麻里、
株式会社モデュレックス

「ケの美」展のこと

東京、銀座1丁目の「ポーラ ミュージアム アネックス」にて、2017年11月17日から12月24日まで開催された、「ケの美」展。会場をパネルで区切り、その壁面を利用して14人の参加作家の日常を切り取った。私がディレクターとして依頼したのは、自身が考える「ケの美」を象徴する物（縦50×横50×高さ120センチ以内）と約1000字の文章、仕事を紹介する写真や文章などの提出だ。また、ポートレートと自身の日用品10点を、写真家の広川泰士さんに自然光で撮影してもらうという宿題も。その文章や写真がこの本に結実した。柳家花緑師匠のお話を熱心に聞く人もいれば、隈研吾さんのボロボロのバッグに唸る人、「朝食」「場所」「漢字」のテーマで投稿された「ケ」のイメージ写真のコーナーを見つめる人も……年末の華やかな銀座の街から来る人々で会場は賑わった。

会場内には参加作家ごとのブースがつくられ、自分にとってのケの美を象徴する一品、
ケの美についての考察、日用品写真、ポートレート写真が展示された。

柳家花緑師匠が語る「シンクロニシティ」を聴く展示、来場者に投稿してもらった
自分の「ケ」を表す漢字一文字を集めた参加型作品なども展示された。

「くるみの木」代表／空間コーディネーター

石村 由起子

いしむら・ゆきこ 香川県高松市生まれ。暮らしを楽しむ祖母の知恵にくるまれて育つ。学生時代には染織を学び、民芸に親しむ。1984年、奈良市の郊外で出会った小さな小屋でカフェと雑貨の店「くるみの木」を始め、現在は他に、奈良市内で「秋篠の森」「鹿の舟」、東京・白金台で「ときのもりLIVRER」を展開。それぞれの店を運営しながら、奈良生活デザイン室を立ち上げ、高松市丸亀町の商業施設や島根県にある温泉街をプロデュースするなど、商品開発から町づくりまで、企業や地域の夢をかたちにする手伝いも行っている。『石村由起子のインテリア』（主婦と生活社）、『暮らしのコツコツ』『くるみの木の日々用品』（共に文藝春秋）、『奈良のたからもの』（集英社）など著書多数。

植物の香りを楽しむ
——無花果（いちじく）の葉

奈良で「くるみの木」というカフェと雑貨の店を始めて三十四年。その間、私生活と仕事との境界線がはっきりしないまま時は過ぎ、毎日の暮らしで自然に身についていることは、仕事場でも同じようにやっているので、もし、それぞれの店に共通する「空気感」があるとしたら、同じような空気が私の家にも流れているのだろうと思います。

幼い頃、よく一緒に時間を過ごした祖母は、暮らしを楽しむ、もてなし上手な人でした。庭で採れた果物や野菜を工夫して食卓に出したり、自家製のお茶やお菓子を来客にふるまったり、四季折々の自然の恵みを、それはそれは大切にいただいていたものでした。祖母の動きはとてもテキパキとして美しく、その姿は日常の当たり前として私の心に残っています。常々思うのは、その時の祖母の立ち振る舞いが、私の暮らしの基本になっているということです。それが私の「ケ」であり、私の「美」の感覚に大きく影響しているのです。

植物との関係も祖母の影響のひとつです。芽が出た、花が咲いた、実を付けた、実が採れた、枯れた……どの時の姿も愛おしく、毎日手入れをしながら部屋に飾ったり、ある時はお茶にして飲んだり、お酒に漬け込んだり、料理に取り入れたり……。乾燥させた無花果の葉の、ふんわりとした良い香りを楽しむ習慣も、いつの頃からか私の当たり前になっていました。ひとときでは終わらない関わり方というのでしょうか。気がつくと、私のまわりは、いつも植物であふれています。

人との繋がりやモノとの関係にも、「ひとときでは終わらない」という点では同じようなことを感じます。長い短いではありませんが、店を始めた三十四年前、いえ、もっと以前からの出会いや思い出、いろいろな時を経ての今。さり気なく、気負わず、共に時間を重ねたからこそ、改めて振り返ると、それが「ケの美」なのかな、とつくづく思うのです。

3	2	1

4

石村さんの日用品と日々の空間

1　13年の月日が、秋篠の森を創り、そして育てた

2　35年目のくるみの木、変わらない佇まい

3　秋篠の森、衣・食・住の空間

4　手に取るたび、作り手の顔が浮かぶ

6	5

7	
9	8

5　竹素材が台所の仕事をしなやかに受け止める
6　かまどで炊き上げる、天下一品のごはん
7　「何でも順番があるよ」。幼い頃の祖母の教え
8　何事も積み重ねるということ
9　吉野杉でできた利休箸で、神様とつながる

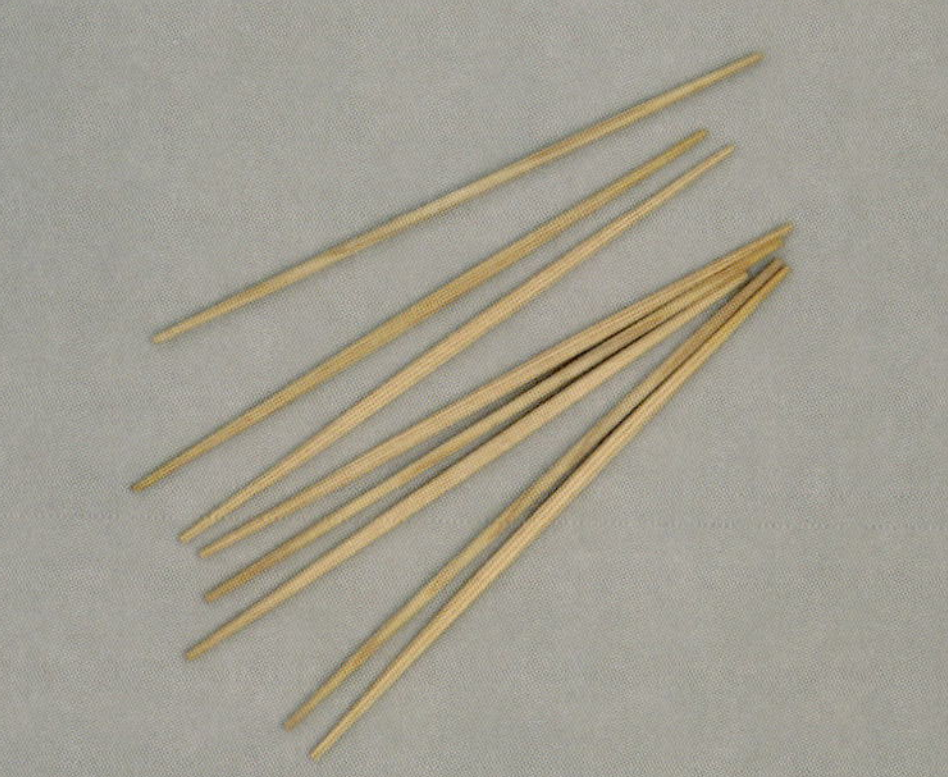

Photo: HIROKI WATANABE

緒方 慎一郎

「SIMPLICITY」代表/デザイナー

おがた・しんいちろう 長崎県生まれ。1998年、SIMPLICITY設立。「現代における日本の文化創造」をコンセプトに、和食料理店「八雲茶寮」、和菓子店「HIGASHIYA」、プロダクトブランド「S〵〵[エス]」などを展開。自社ブランドのみならず、建築、インテリア、プロダクト、グラフィックなど多岐にわたるプロジェクトにおいて、デザインやディレクションを手がける。2008年には紙の器「WASARA」の総合デザイン及びディレクション、11年には東京大学総合研究博物館「インターメディアテク」の空間デザインを手掛ける。著書に『HIGASHIYA』(青幻舎)、『喰譜』(東京大学出版会)、『拈華』(共著、青幻舎)。

海苔

文化とは、日々の暮らし、すなわち「ケ」のなかで生かされてこそ、人びとに理解され、受け継がれていくものです。毎日食べる料理に、あるいは毎日使う道具に、その国の文化はとてもよく表れています。

ケの美を象徴するものとして、日々の食卓に欠かせない「海苔」を選びました。海苔は、和食の基本である昆布や鰹、干し椎茸それぞれの出汁に含まれる旨味成分すべてを併せ持つ唯一の食品です。生命の源である海に抱かれ、月と太陽の力を受けて潮が満ち引くなかで旨味を凝縮していく海苔は、冬に旬を迎えます。初摘みのものは香り高く甘みがあり、その美味しさは何にも代え難いものです。

日本人と海苔の歴史は縄文時代にまで遡るそうで、七〇一年に制定された法律「大宝律令」には、大和朝廷に納める租税のひとつに海苔が挙げられています。大変貴重なハレのものであった海苔がケの食品として親しまれるようになったのは江戸時代。養殖が行われるようになり、紙漉きの製法を応用した板状の海苔が登場すると、庶民の間で海苔巻きが大流行しました。

先人の知恵や工夫によって、私たちの食文化に欠かせないものとなった海苔――。初めて目にする人にとっては、「〝黒い紙〟を食べる」異様な光景に映るかもしれません。しかし、私にとって、その艶やかな光沢を湛える〝黒い紙〟は、先人が自然の恩恵をありがたく享受してきたことを象徴する存在に思えてなりません。それゆえ、そこにケの美を感じるのです。

料理の道理は、自然を手本に素材の持ち味を生かすことにありますが、これは工芸においても然り。自然から生まれ、人の身体に寄り添うケの道具もまた、美しいものです。職人の技が息づくケの道具は、機能美をそなえ、理にかなった使い方ができるため、毎日使っても飽きることはありません。毎日のように手に持ち、身につけることで、道具と身体が同化するような一体感を覚えます。その感覚は、人もまた自然の一部であるということを思い出させてくれるものでもあります。日々の暮らしに溶け込む道具こそ、まさにケの美ではないでしょうか。

食も工芸も、自然との共存のなかで培われた美意識や感性が育んだ日本の文化。過去から未来へとこの文化を手渡してゆくために、ケの美を尊ぶ心を忘れずに持ち続けていたいものです。

4	1
	2
	3
6	5

緒方さんの日用品

1 仏像
2 WASARA コンポート
3 越前漆器の四ツ椀
4 アンティークの椅子
5 SUSgalleryの真空チタンカップ
6 Maison Bonnetのオートクチュール眼鏡

作家

小川 糸

おがわ・いと　1973年生まれ。山形県出身。2008年に発表した小説『食堂かたつむり』が映画化され、ベストセラーに。主な著書に、『喋々喃々』『ファミリーツリー』『リボン』『にじいろガーデン』、ドラマ化された『つるかめ助産院』『ツバキ文具店』などがある。作品は、ヨーロッパやアジア各国で翻訳され、『食堂かたつむり』で、11年にイタリアのバンカレッラ賞を、13年にフランスのウジェニー・ブラジエ小説賞をそれぞれ受賞した。最新の長編小説は、『キラキラ共和国』。小説以外にも、日々の暮らしをまとめた『これだけで、幸せ』や、ラトビアのミトンを題材にした『ミ・ト・ン』（絵・平澤まりこ）など、著書多数。

鉄瓶とミトン

北欧にある小さな国、ラトビアには、今なお手仕事の技が連綿と受け継がれています。カゴや布、木製のスプーンやフォークは、佇まいが美しいだけでなく、機能的であり、無駄がなく、人の体や暮らしにそっと寄り添ってくれる頼もしい存在です。

中でもミトンは、ラトビアを代表する特別なもの。かつて、女の子は自分でミトンが編めなければ一人前とは認められませんでした。そして、結婚する時は、三百組ほどのミトンを編み、長持ちをミトンでいっぱいにして嫁いだそうです。

それらのミトンは、結婚式の引き出物として、夫の家族や友人、時には飼っている動物たちにまで配られました。「はい」という言葉が誕生する以前、プロポーズされた女性は相手にミトンを編んで贈ることで、承諾の気持ちを伝えたと言われています。

そんなミトンを、私は鍋つかみとして使っています。とりわけ、鉄瓶でお湯をわかす時は、必ずミトンをはめて鉄瓶のつるをつかみます。しっかりと編まれているので、熱が伝わることはありません。

実は、ラトビアのミトンと出会うまで、いい鍋つかみを求めて放浪の旅を続けていました。けれど、なかなかいいものに出会えず、常にもやもやを抱えていたのです。ラトビアのミトンを使うことで、ようやくその問題が解決しました。

　鉄瓶は、もう二十年以上、愛用しているものです。お湯をわかすのなら、電気ケトルでもわかせるかもしれません。けれど私は、鉄瓶でわかすお湯でいれたお茶の方が、どうしてもおいしいように感じるのです。鉄瓶でわかしたお湯を、ミトンをはめて急須に注ぐことから、私の一日は始まります。だから、鉄瓶もミトンも、私にとってはなくてはならない大切なものです。

　鉄瓶は、長年使っている間に、少しずつ色あせてきました。けれど私には、それが美しく感じられてなりません。日々、少しずつ変化し、朽ちていく姿に魅力を感じます。いつか、役目を終えた時は、そっと土の中に返してあげるつもりです。

　毎日使うものだからこそ、美しく、心地いいものをそばに置きたいと思います。そのことが、どれほど人生を豊かにしてくれるか。ミトンをはめて鉄瓶を持つたび、言い知れないほのかな喜びに包まれるのです。

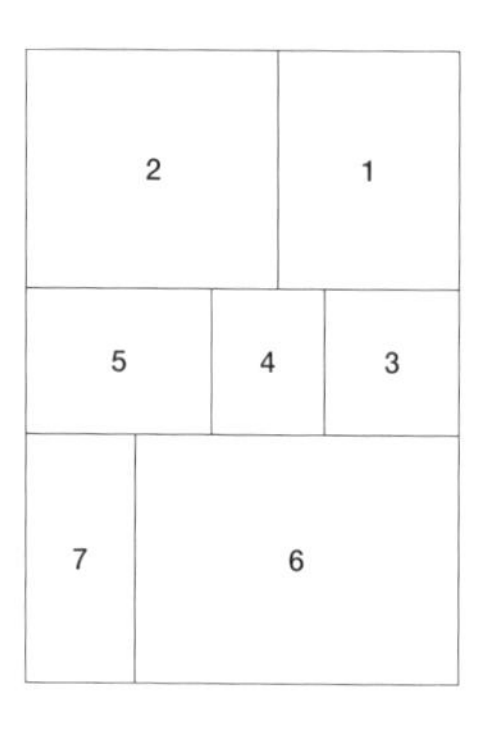

小川さんの日用品

1　バターケース
2　銀製アンティークティーポット
3　はかり、ベルリンの蚤の市で
4　愛用の布巾
5　パリで見つけた拡大レンズ
6　ケーキ皿
7　デザート用ナイフとフォーク

放送作家／脚本家

小山 薫堂

こやま・くんどう　1964年生まれ、熊本県出身。N35インターナショナル株式会社、株式会社オレンジ・アンド・パートナーズ代表。京都造形芸術大学副学長。東北芸術工科大学デザイン工学部企画構想学科CCO。日本大学藝術学部在学中に放送作家としての活動を開始。「カノッサの屈辱」「料理の鉄人」などを手がけ、初脚本の映画「おくりびと」で第81回米アカデミー賞外国語映画賞を受賞。執筆活動の他、下鴨茶寮主人、京都館館長、文化庁「日本遺産審査委員」、熊本県地域プロジェクトアドバイザーなど、多くのアドバイザー・プロデュース業務を務める。くまモンの生みの親でもある。

中川周士作

狐（きつね）桶（おけ）

佐藤卓さんから「ケの美」という言葉を初めて聞いた時、膝を打ちました。まさに自分が理想とする暮らしのキーワードがこれなのだ、と。僕の座右の銘は「坐辺師友（ざへんしゆう）」。己の周辺にあるもの全てが師であり友である、という北大路魯山人の生活姿勢です。何でもない日常の中にどれだけの価値を見出せるか……その小さな価値の積み重ねが、ちょっとやそっとじゃ壊れない「逞しい幸福」につながると僕は信じています。別の言い方をするなら、プチハッピーのミルフィーユ。大きくて派手な幸せよりも、ささやかな幸せを積み重ねるほうがいい。日常に存在する当たり前に「美」を求め、あるいは「美」を感じることで、プチハッピーのミルフィーユは確実に大きくなると思うのです。

　お茶を飲むという日常の習慣を文化芸術にまで高めた「茶道」の素晴らしさに触れた時、自分の暮らしの中にもそういうものが無いだろうか？　と考えました。そして閃いたのが「湯道」という言葉です。日本人にとって当たり前の入浴という行為。身体を清潔にして一日の疲れを癒す日本独自の入浴が、文化や芸術と結びつく予感がしました。そもそも僕は大のお風呂好きで、毎朝一時間はお風呂場で過ごします。頭の血の巡りが良くなるせいか、いいアイデアがお風呂の中で閃くことも少なくありません（実際、湯道も入浴中に閃きました）。

　大徳寺真珠庵の山田宗正和尚から「湯道温心」という言葉を賜り、湯道の信条にしました。思えば、子供の頃に初めて他者を慮（おもんぱか）るという精神を学んだのは銭湯でした。次に入浴する人、あるいは近くで入浴中の人の気持ちを察することで、「慮る心」を培うことができます。

　お風呂で使う桶やタオルを実用品として捉えれば、安いほうがいいに決まっています。でも湯道具という視点で見ると、職人の手仕事による作品を受け入れたくなります。まさに「ケの美」です。今回提出したのは、我が家で毎日使っている「狐桶」です。京都の木工職人の中川周士さんに僕の湯室を見ていただき、狐の顔をヒントに作っていただきました。かつて祇園の芸妓さんから、「ものを丁寧に扱うと、その人の動作が優雅に見える」と聞いたことがあります。プラスチックの桶とは違い、自分で誂(あつら)えた繊細な桶ですから、自然と大切に扱います。すると湯を浴びる所作にも品が出てきて、何よりじゃぶじゃぶ使っていた湯を大切に思うようになったのです。本当に美しいものは、人の生き方そのものまで変える力があるのかもしれません。

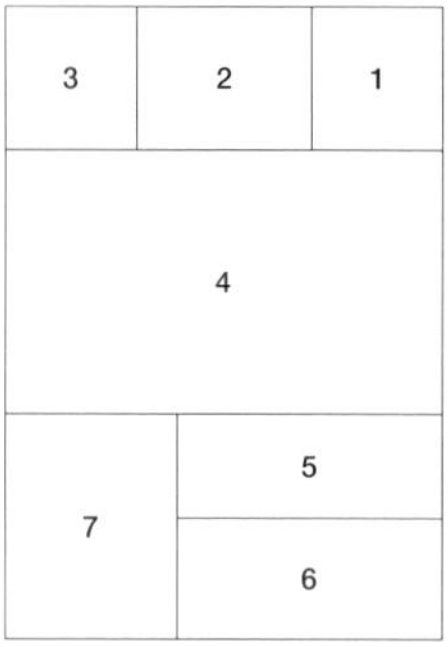

3	2	1
4		
7	5	
	6	

小山さんの日用品

1 一澤信三郎帆布のバッグ
2 辻村塊の盃
3 京都 竹松の爪楊枝
4 ライカMP エルメスエディション
5 筆入れ
6 MARVISの歯磨き粉
7 満寿屋の一筆箋

LEICA SUMMICRON-M 1:2/35 ASPH. E39
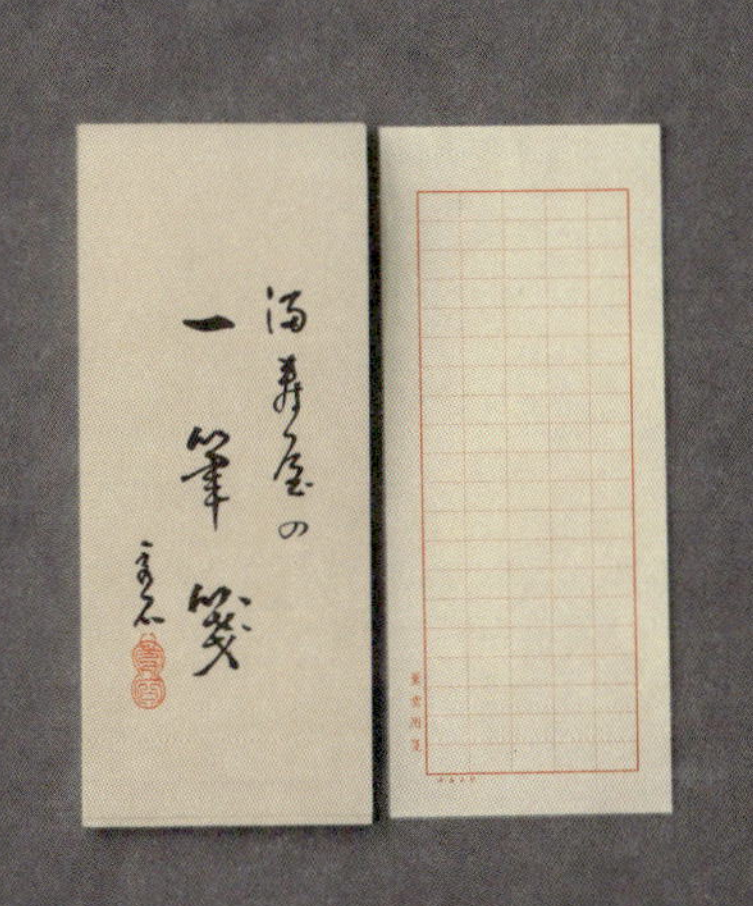
一筆箋

WHITENING MINT
MARVIS
75 ml ℮/NET WT. 3.8 oz
DENTIFRICIO • DENTIFRICE • TOOTHPASTE • PASTA DE DIENTES • ZAHNPASTA

イラストレーター

塩川 いづみ

しおかわ・いづみ　1980年、長野生まれ。多摩美術大学グラフィックデザイン学科卒業。2007年よりフリーランスで仕事を始める。以来、広告、雑誌、プロダクトなどのイラストレーションを中心に活動するほか、ドローイング作品の展示発表も行う。主な仕事にCLASKA Gallery & Shop "DO"のオリジナル商品「SWAY」「MAMBO」、一保堂茶舗のオリジナル商品、IDÉEの「tablewear_birds」、きもの・やまと「DOUBLE MAISON」のイラストレーションなど多数。ポートレート集に『(between) YOU & ME』。国内外問わず旅に出ることが好きで、旅先でルポルタージュも手がける。

クマのポーチ

「お疲れなお顔ねえ」。声のする方を見ると、お隣のおばあさんがにこにこしながらのぞき込んでいる。視線の先、私の膝の上にはクマのぬいぐるみのポーチが乗っていた。なんだか急に恥ずかしくなってしまって、でも仕舞うに仕舞えずに「ふふ、はい、クマです」と妙な言葉を返しながらまた視線を窓の外にもどし、バスの揺れに乗じてポーチを隠すように手を置いた。

気がつけばいい大人になっている私とクマのポーチはいつの間にか不釣り合いになってしまっていたのだった。中学生の時からの相棒を恥じてしまったことは情けなかったけれど、傍目から見たらただのおんぼろポーチであることは否めない。でも他人にはわかってもらえないだろうけれど、このポーチには私の長い時間がたくさん詰まっているのだ。放課後、待ち合わせ場所に行く渡り廊下、合格発表の日に迎えに来てくれた父の車、雪の日の埃っぽいような匂いとガムの味、昼休みの図書館のうたたね……。それほど大事でも特別でもなかった日常だけれど、振り返るとどれも愛おしい。

非日常を「ハレ」、日常を「ケ」とする世界観に照らし合わせると、これは「ケ」であり、そこにある説明しがたい価値は私にとっての「美」と呼んで良いのかもしれない。世の中にモノや情報が多すぎて流されてしまいそうになるとき、「ケの美」は自分自身をつなぎ止めてくれる錨のようでもある。

地元の雑貨屋で購入して以来、こんな機会がなければ陽の目を見ることもなかったクマのポーチ。夢にも想像していなかった「ハレ」の場がやってきて、心なしかまぶしそうに見える。

塩川さんの日用品

1 創作意欲が刺激される、祖母が編んでくれた手袋
2 描きたい線が描ける鉛筆とお気に入りの鉛筆削り
3 足が気持ちよい、夏の仕事場の室内ばき
4 コントロールできない線を描きたいときに使う道具
5 仕事場で使う、お水が美味しく感じるコップ
6 作業中に青竹踏みがわりにしている木の球
7 作業中に髪を止める理想的なヘアクリップ

「クラムボン」ミュージシャン

原田 郁子

はらだ・いくこ　福岡生まれ。１９９５年にバンド「クラムボン」を結成。歌と鍵盤を担当。バンド活動と並行して、様々なミュージシャンと共演、共作、ソロ活動も精力的に行なっている。２００４年に「ピアノ」、08年に「気配と余韻」「ケモノと魔法」「銀河」の4枚のソロアルバムを発表。クラムボンは結成20周年を機にメジャーレーベルから独立し、流通を通さずライブ会場限定ＣＤにサインをして一人一人に手渡ししていくという〝直売ツアー〟を行う。更に活動に賛同してくれる販売店を募集しており、ラーメン屋、寿司屋、塾、鍼灸院などジャンルを問わず、約３００店舗で、自主制作盤「モメントe.P.」「モメントe.P.２」「モメントe.P.３」を取り扱っている。

耳型イヤフォン

昨日は渋谷で『空気公団』というバンドとライブでした。ボーカルの山崎ゆかりさん（素晴らしい楽曲をすべてつくっている）は、クラムボンのメンバーと同じ歳で、同じ専門学校に通っていて、わたしたちは練馬にあったオンボロ女子寮で共に暮らしていた。あの頃はケータイもパソコンも誰も持っていなくて、ＳＮＳもなかった。どんな風に人と接していたんだっけ、どんな風に連絡をとったり、待ち合わせたり、バンドの練習をしたり、バイトをしたり。……どんな風に暮らしてたんだっけ。彼らのライブをみながら、いろんなことを思った。

当時のわたしは、寮の門限を破りまくって、お風呂の時間に間に合わないのを見越して、銭湯でひとっ風呂浴びてから帰宅。まっすぐ入るとブツブツ文句を言われながら門を開けてもらわなくてはいけないから、塀を乗り越えて部屋に入る、そんな十八歳だった。「早くここを出たいー…」とイヤフォンを耳につっこむ。好きな音楽のなかに身を浸すと、ぜんぶから離れて、ぽかんと空中に浮かんでいるようでもあった。そんな感覚も蘇ってきた。

ゆかりさんはクラムボンに宛てて、彼女らしい言葉で手紙を書いてくださり、終演後、お客さんたちにも読めるようにとロビーに貼りだした。そのなかにこんな一節があった↓↓↓『寮と言えば聞こえはいいが、決して住みやすい環境とは言えなかった。しかし郁子の部屋はジャングルのように形成され、心地よさげになっていた。と思う』

ここ数ヶ月、自分の「ケ」ってなんだろかーーー と思っていた。仕事と休み、オンとオフが曖昧であるし（すべて影響しあっている）、ステージの上は華やかにみえるかもしれないが、ほとんどの時間はスタジオか打ち合わせか自宅作業、つまり何かの準備をひたすらやっているのであるし、集中すると、食べるとか寝るとかを忘れがちになるし、身体をこわしてからやっと、あー、そーだ、休まなきゃ、って気づくこともあったりするし…。恥ずかしながら、人様にお見せできるような暮らしはなにひとつ持ちあわせていないからだ。でも、ゆかりさんの文章に触れて、うん、そうだな…と笑ってしまった。自分にとっての家とか暮らしとかいうものは、整然や洗練とは程遠く、鬱蒼と生い茂る中にほっと身を隠すような、ちっちゃいジャングルみたいな〝寝床〟かもな。へとへとで帰宅して、汗を流して、晩酌して、布団にごろんと入る。ずっとそんな感じだよなぁ、と。

今回「ケの美」というお題をいただいて、ほへーーー…っと水の中で、蹴伸びしてるイメージで、身近なものをいくつか選んでみた。このイヤフォンは毎日どこへ行くにもかばんに入っている。忘れたら取りに戻るくらい大事なものだ。銀座の須山補聴器さんにつくっていただいた。自分の耳型なので、これをつっこめば、外界の音を程良く遮断できる。プールの中にいる時に、周りの音が遠くで滲んで響いている、あんな感じで、ぜんぶから離れてぼんやりできる。音に集中することが多いので、できれば耳を休めたい。静かな時間がほしくなる。移動中の耳栓がわりに使うし、もちろん音楽を聴くこともする。でもそのうちに、作業中の新曲を聴きだしたり、練習中の曲を覚えたり、あー次のライブまでにあれをやらなくちゃこれをやらなくちゃーとなる。ほへーーーーーーっ…!!!

2	1
3	
6 5	4

原田さんの日用品

1 台所に置いてあるラジカセとカセットテープ
2 一番好きなピアニストの一番好きなアルバム
3 ミニ鍵盤スピーカー付き ぱっと音出せるように
4 晩酌セット 柿ピーと岡本太郎のコップ
5 箸置き「ひょうちゃん」
6 アフリカの小物入れ

Solo Monk
COLUMBIA

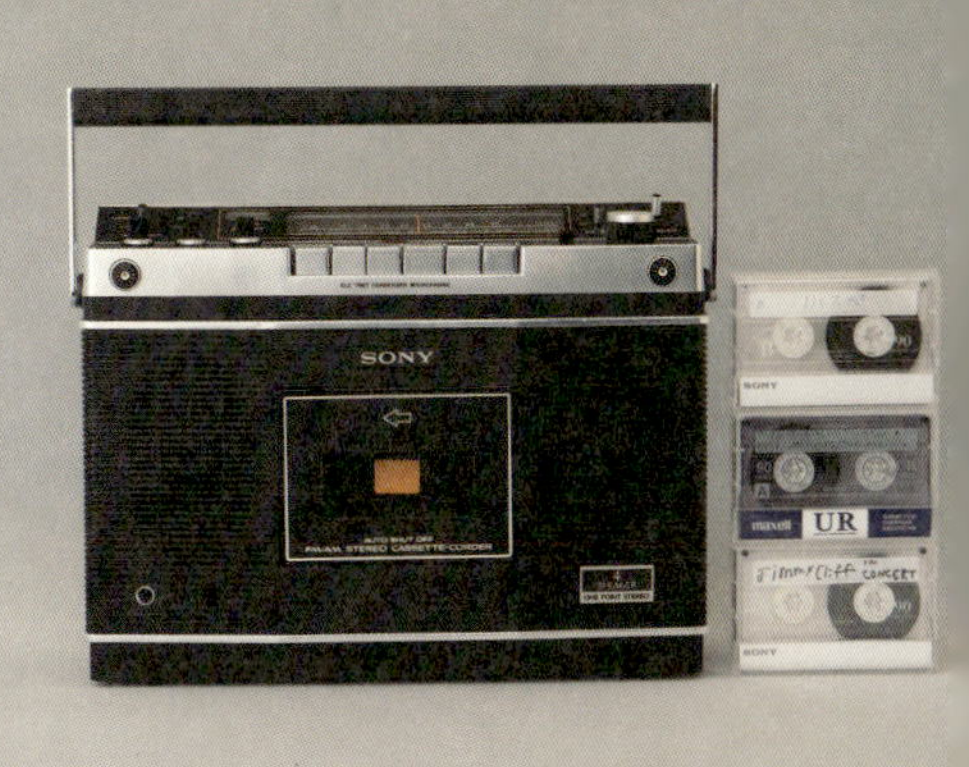
SONY
maxell
UR

VSS-30
DIGITAL VOICE SAMPLER
CASIO
SA-76

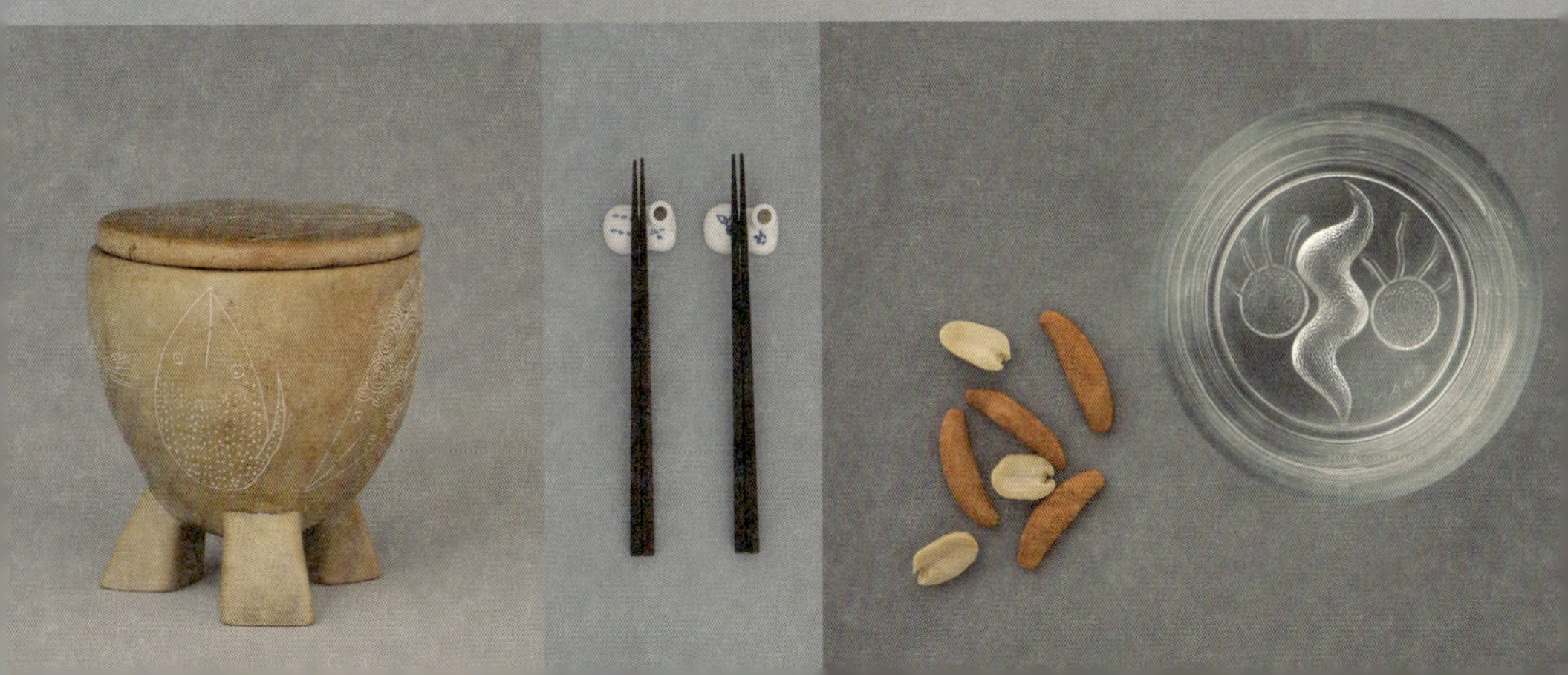

「群言堂」代表／デザイナー

松場 登美

まつば・とみ　1949年、三重県津市生まれ。81年、夫のふるさと・島根県大田市大森町（石見銀山が所在）に帰郷、布小物の製造、販売を始める。89年、築150年の古民家を修復し、店舗をオープン。以来、夫と共に数軒の古民家を再生し、生活文化交流の場として活用している。田舎暮らしの美しい文化を伝えていきたいと、98年に株式会社石見銀山生活文化研究所を設立。商品の企画、製造販売を手がけ、直営店「群言堂」を全国で展開。13年かけて修復した築229年の武家屋敷を「暮らす宿　他郷阿部家」とし、宿の営業も行う。著書に『毎日を楽しむ捨てない暮らし』『他郷阿部家の暮らしとレシピ』（共に家の光協会）など。

モノの一生を全うする

「美」というものについて特別な才を持っているわけではありませんが、私にもし得意なことがあるとすれば、世間では価値がないとされたものの中に「美しさ」を見出すことかもしれません。

私が興味を持つもの、好きになるものの多くは、朽ちかけたものや捨てられたもの。まずは、日々の暮らしの中でそうしたものを、拾う楽しみ、繕う楽しみから始まります。

畑を耕しているときですらも、そんな楽しみの時間。土の中から白磁に藍色の絵が描かれた古い器のかけらを見つけては、宝物を掘り出したかのように喜んでいます。骨董的価値のある器より、このかけらが好きなのです。

使用済みのコピー用紙は、綴じて「裏紙ノート」に。メモ帳として愛用しています。束ねて机の上に置いておくだけでなぜか幸せな気分になります。

枯れかけた棕櫚（しゅろ）の葉っぱは、付け根を糸で束ねて「ハエたたき」に。ハエのあまり飛ばない季節は出番が少ないのですが、柱に掛けてあるだけで注目の的です。

浴衣のボロをいただけば、ちくちく刺して「お浄巾（じょうきん）」に。たたんで茶箪笥の上に置いてあるだけでとっても豊かな気分にさせてくれます（昔は、雑巾と呼ぶのではなく、浄化する巾（きれ）と書いて浄巾と呼んだものです。私はこの言葉が好きで、今でもそう呼んでいます）。

一般的にメインディッシュと言えば、お魚やお肉料理ですが、私の営業する宿のメインディッシュは「おむすび」です。おむすびは、最もシンプルな料理だけれど、作り手の想いまでもしみじみと味わうことのできる、日本食を代表する一品だと思います。

　小さなものに飽き足らず、夫とともに、三十年近くかけて十軒の古民家を再生してきました。改修にあたっては、「家の声に耳を澄ませること」を大事にしています。だからでしょうか、不思議なことに「家が喜んでいる」と感じることがよくあるのです。

　そうした経験から、「ケの美」とは、技巧的に優れたものではなく、貧しさや質素な暮らしの中から生まれ出る美しさや、愛情に育(はぐく)まれてこそ見えてくる美しさのことではないかと思っています。

　やはり　野におけ　蓮華草

　辺鄙な田舎、ここ石見銀山大森町が、一番居心地が良いのは、私自身が「ケ」だらけな存在だからなのかもしれません。

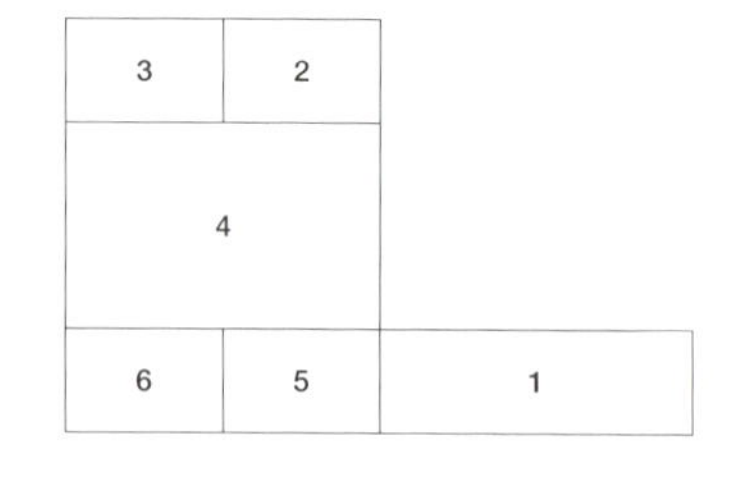

松場さんの日用品と日々の空間

1　ハタキ
2　ガラスのパッチワーク
3　私の台所
4　木綿の一生、お浄巾
5　おむすびの中のおむすび
6　糸のクレヨン

「minä perhonen」代表／デザイナー

皆川 明

みながわ・あきら　1967年、東京生まれ。1995年に自身のファッションブランド「minä（2003年よりminä perhonen）」を設立。時の経過により色あせることのないデザインを目指し、オリジナルデザインの生地による服作りを進めながら、インテリアファブリックや家具、陶磁器など暮らしに寄り添うデザインへと活動を広げている。テキスタイルメーカーのKvadratやKLIPPAN、陶磁器のRichard Ginoriといったブランドへのデザイン提供、東京スカイツリーのユニフォームデザイン、新聞小説の挿画なども。2006年「毎日ファッション大賞」、「2015毎日デザイン賞」、平成27年度芸術選奨美術部門文部科学大臣新人賞を受賞。

朝ケ

朝ごはん

蕪のたいたん
白飯
島豆腐の味噌汁
梅干
どくだみ茶

私にとって〝ケ〟とは何でしょうか。相対する〝ハレ〟とは何でしょうか。そして〝美〟とは。

私にとって、日常と非日常の境界は曖昧です。日々の中で暮らす事への必然から繰り返される事象か、特別な祝いや稀に起こる喜ばしい事象か、という境界をその境とするとしても、その事象を認識するのは心です。更に、細かな粒子の様な事象に、やはり細かく反応して、意識化している様に感じられます。多くの事象は〝ハレ〟と〝ケ〟の存在が光と影のごとく混在し、揺れ動く木洩れ陽のようなものかもしれません。そしてそこに在る〝美〟とは、樹々を仄かに揺らす風のような、私達の好意の意識なのではないでしょうか。

ケの美が日々の暮らしにある時、私達は心が幸せを感じる事ができます。それは〝欲〟よりも〝足る〟事への感謝によって生まれるからです。

ケの美は、〝足るの美〟と言い換えられるかもしれません。必要十分な材料、仕事、機能、によって生まれた物から生まれる暮らしが、結果的に潔い佇まいとなり、それが精神的な美意識へと繋がっていく事に、矛盾が無いからだと思います。〝ハレ〟という外に放出される美と、〝ケ〟という内包されていく美が、暮らしの中で様々な風物詩を紡ぎだしているのでしょう。

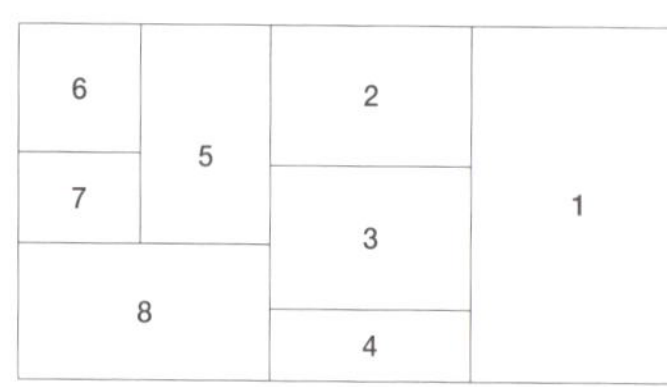

皆川さんの日用品

1　多用布
2　コースター
3　茶筒 桜 光原社
4　デッサン用鉛筆 LYRA
5　植物箒 岩谷雪子 作
6　ホーローの箱 金森正起 作
7　洋裁用オモリ
8　木皿 藤本健 作

PAPER WEIGHT 400
PAPER WEIGHT

落語家

柳家 花緑

やなぎや・かろく　1971年、東京生まれ。9歳の頃より落語を始め、87年3月、中学卒業後、祖父である五代目柳家小さんに入門。94年、戦後最年少の22歳で真打昇進。「にほんごであそぼ」（NHKEテレ）で紹介した『寿限無』は子供たちの間で大ブームとなった。古典落語はもとより新作落語にも意欲的に取り組んでいる。着物と座布団という古典落語の伝統を守りつつも、近年では47都道府県落語を洋服と椅子という現代スタイルで口演する同時代落語にも挑戦し、落語の新しい未来を切り拓く旗手としても注目されている。他ジャンルからのオファーも多く、番組の司会やナビゲーター、俳優としても活躍中。

シンクロニシティ

花緑師匠が語るシンクロニシティのお話を、
QRコードからお聴きいただけます。
ID：**Kenobi**（IDの冒頭の「K」は大文字）　**パスワード**：**karokuy**
https://www.shinchosha.co.jp/kenobi/

「ケの美」について考えたときに、「ケ」は解るけど、「美」は難しいと佐藤卓さんとお話をさせていただいた。だから取り敢えずは「ケ」だけに視点を合わせて思いを巡らせてみると、対になっている言葉「ハレ」にも意識が行きました。そして「ケ」はどこまで行っても「ケ」であり、「ハレ」のような特別な日にはならないものか？　と考えたときに、いやいや、そんなことはない、「ケ」にも「ハレ」がある。言い方を変えると、「ケ」に突然「ハレ」が飛び込んでくることがある。

それがシンクロニシティという現象です。

シンクロニシティとは、日本語訳では共時性。あるいは〝意味のある偶然の一致〟という現象で、スイスの精神科医で心理学者のカール・グスタフ・ユングが提唱したものです。

例えば、朝起きて、幼馴染みの◯◯くんとはしばらく会ってないけど元気でやってるかな……と考えていたとする。するとその日の内に表でバッタリとその幼馴染みに再会する。

或いは、家にある花瓶が誤って落ちて割れてしまった。しばらくすると電話が鳴り、病院に入院していた祖母が亡くなったと告げられる。亡くなった時刻を聞くと、さっき花瓶が割れた時間と同時刻であった。そこで家族は思う。花瓶は生前、祖母がとても大事にしていた物。それが落ちて割れたということは、もう自分はあの世へ行くよというサインだったのか、と。

これが意味のある偶然の一致です。

シンクロニシティは実は日常、だれにでも起きている出来事です。でも、それに気が付かなかったり、なんでもないことだと心に留めなかったりするだけなんです。この現象を喜び、楽しみ出すと、「ケ」は間違いなく「ハレ」に変わります。記念すべきその時、忘れられないその日になるのです。

ですが、このシンクロニシティを自分から起こすことは出来ないんです。幼馴染みに会いたいと思って強く念じたからといって会うとは限りません。どうも期待していないときの方がシンクロニシティは起きるんです。

ところが私は、シンクロニシティを起きやすくする方法を見つけてしまったんです！

それは、このシンクロニシティが起きたときの感情がどういう気持ちかを再現することです。

きっと、びっくりして嬉しくって喜んだり、ワクワクしたりするはずです。その感情を日常多く感じていればいいのです。するとシンクロニシティが起こる確率を上げていることになると思うんです。その喜びや驚きやワクワクの中にシンクロニシティが入ってきちゃう感じです。

〝意識の密度が現象の密度〟

喜びやワクワクが習慣になっている人は、また喜びやワクワクを引き寄せます。

愚痴やイライラが習慣になっている人は、また愚痴やイライラを引き寄せるのです。

物事を肯定的に受け止めることが習慣になっている人には、シンクロニシティは起きやすい！という結論に達したのです。

今回は、私自身にどんなシンクロニシティが起きたのか、ワクワクと語らせていただきました。96頁のＱＲコードから聞いてみてください。

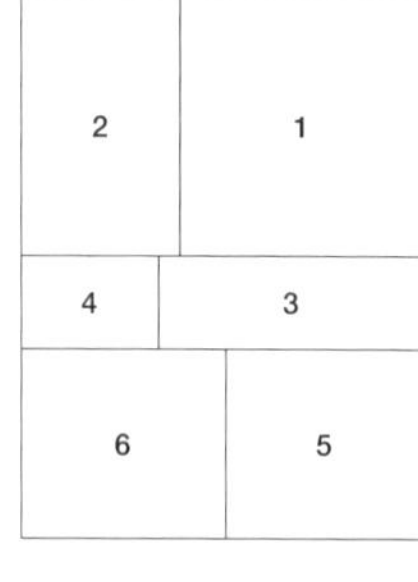

花緑師匠の日用品

1 落語は書いて覚えてます。
2 寄席文字で書かれた「めくり」
3 座布団。これに座らないと始まらない！
4 新作台本。書き込みながら自分の落語に。
5 着物には雪駄です。ちゃんと袋に入れて。
6 着物は、小さく畳んで風呂敷へ。

柳家花緑
独演会

手芸家

横尾　香央留

よこお・かおる　1979年、東京生まれ。ファッションブランドのアトリエにて手作業を担当した後、2005年独立。刺繡やかぎ針編みなどの緻密な手作業による作品を発表している。主な著書に『プレゼント』（マガジンハウス）、『お直しとか』（雄鶏社）、『お直しとかカルストゥラ』（青幻舎）、『変体』（between the books）。主な個展に「お直しとか」（11年、FOIL GALLERY）、「変体」（12年、The Cave）、「カコヲカコウ」（17年、LA GALERIE DES NAKAMURA）、主なグループ展に「拡張するファッション」（14年、水戸芸術館、丸亀市猪熊弦一郎現代美術館）などがある。

急須のポッチ

かれこれ十五年
わたしは人を自室に招いたことがない。
学生の頃
友人をしぶしぶ上げたこともあるにはあるが
それも片手で足りるくらいの回数だ。
こどもの頃から片付けられないわたしの部屋は
どんなにがんばっても
素敵にならない。
いや、がんばり方すらわからない。

海外で一カ月滞在する部屋に
持参したポスターを貼ってみたら
気分が変わった　という経験がある。
期限つきなら
飽きる心配もないし気負いなくできるのに
自分の部屋となると最初の一歩が踏み出せず
絵画や写真を飾った記憶がない。

気分によって変える
などという高度なテクニックは
当然持ち合わせていないのだ。

そんな生活を送るわたしがどの口で
〝ケの美〟を語ればいいものか
この家に〝ケの美〟なんて存在しているのだろうか？

部屋を歩き回り　捜索開始。
まずは〈急須のポッチ〉が目に入る。
最初は直に触ると熱いからという理由で
急遽編んだのだが　なかなかかわいい。
母が営む喫茶店では
様々な色のポッチがテーブルを彩る。

お、この感じで探していけばもしかして
けっこう見つかるかもしれない。

〈洗濯用ピンチハンガー〉にも〝ケの美〟を見つける。
物干竿に引っ掛けるフック部分と
本体の間にあった小さなパーツがなくなり
フックが本体からスポッと抜け落ちてしまう。
テープをぐるぐる巻いてもすぐに外れるし
だからといって他の部分は無傷なのに
買い替えるのは悔しい。
試しに転がっていた円い編み地を差し込んでみると
思いの外しっかり機能している。
ほんの仮のつもりだったが　いまなお現役だ。
ベランダで風にそよぐ洗濯物の上に
チラチラと見え隠れする蛍光ピンクは
少し心を明るくする。

持ち手が一本のバッグは
中身を入れると口がパカッと開いてしまう。
靴下を買った時についていたクリップで
留めてみたが
中身を探る時に外したそれをどうしたもんかと
考えるのがまどろっこしく
これまた転がっていた　いつか編んだヒモの
片方の先にクリップ
もう片方の先に安全ピンをつけて
〈バッグ用クリップ〉をつくってみた。
便利になり
そしてちょっとしたアクセントにもなった。
これはなにかみたいだなーと思ったら
帽子が風で飛ばないよう襟首にクリップで留める
あれだった。

苦肉の策が意外と〝ケの美〟に
貢献しているように思う。
他人から見たら　へんてこでも
わたしにしかわからない〝ケの美〟。

<table>
<tr><td rowspan="2">4</td><td>1</td></tr>
<tr><td>2</td></tr>
<tr><td rowspan="2">5</td><td>3</td></tr>
</table>

横尾さんの日用品

1　ゴーグル
2　バリカン
3　洗濯用ピンチハンガー
4　仕事道具
5　バッグ用クリップ

〈対談〉佐藤 卓×橋本 麻里

日常の裏側で働くデザイン

「ケ」については考えるほどにわからなくなる。
そこで、これまでに企画展示などでご一緒したことがあり、
私のことを良く知る書き手、
橋本麻里さんにそれを引き出していただいた。

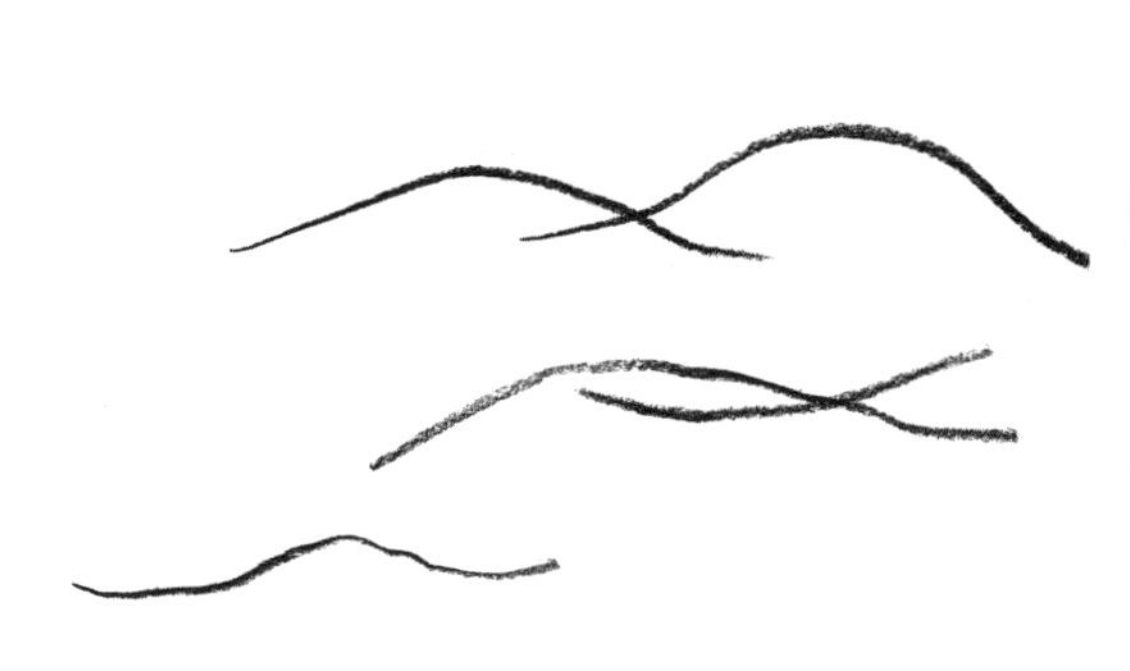

グラフィックデザイナー

佐藤 卓

さとう・たく　株式会社電通を経て、１９８４年佐藤卓デザイン事務所設立（２０１８年４月に株式会社ＴＳＤＯに社名変更）。「ロッテ キシリトールガム」「明治おいしい牛乳」等の商品デザイン、「PLEATS PLEASE ISSEY MIYAKE」のグラフィックデザイン、「金沢21世紀美術館」「国立科学博物館」等のシンボルマークを手掛け、ＮＨＫ Ｅテレ「にほんごであそぼ」アートディレクター、「デザインあ」総合指導、21_21 DESIGN SIGHT館長およびディレクターを務めるなど多岐にわたって活動。著書に『クジラは潮を吹いていた。』（ＤＮＰアートコミュニケーションズ）、『塑する思考』（新潮社）等。

編集者

橋本 麻里

はしもと・まり　日本美術を主な領域とするライター、エディター。公益財団法人永青文庫副館長。新聞、雑誌等への寄稿のほか、ＮＨＫの美術番組を中心に、日本美術の楽しく、わかりやすい解説に定評がある。また文化施設・事業の企画、伝統工芸品の開発など、コンサルティング業務も手がける。著書に『橋本麻里の美術でたどる日本の歴史』全３巻（汐文社）、『京都で日本美術をみる【京都国立博物館】』（集英社クリエイティブ）、『変り兜 戦国のCOOL DESIGN』（新潮社）、共著に『SHUNGART』『北斎原寸美術館　100%Hokusai!』、編著に『日本美術全集』第20巻（すべて小学館）他多数。

佐藤　もう10年以上、オルビス株式会社さんのお手伝いをしてきたのですが、2017年に創業30周年を迎えるにあたって、ポーラ ミュージアム アネックスで展覧会をやりたい、とご依頼をいただいたのが、「ケの美」展の始まりです。どういうテーマにすべきか、展覧会はこれまでいろいろ手がけて来ていることもあって、悩みました。ちょうどその頃にハレとケ、中でも「ケ」について考える機会があったのと、オルビスの提供している価値は、ケを充実させるためのものだと気づいたこと、そしてケという音の面白さに惹かれてもいたので、これは展覧会のテーマになるだろう、と。

ところがケについて考えるほど、わからなくなる。そもそも柳田國男が提唱した民俗学における概念は、ハレとケが一対のものとして語られます。とはいいながら、現代では、同じあるものが、人によってはケになったりハレになったりと、なかなかこういうもの、と規定できない。それに「佐藤卓が考えるケとは何か」を伝える、20世紀的な展覧会もつまらないでしょう。だったら、いろいろな方にとってのケを並べてみて、見て下さる方ともども、ケとは何かについて考えるきっかけになるような展覧会はどうだろう、という風に発展していきました。

橋本　佐藤さんとは、デザインギャラリー1953（松屋銀座7階）での「椀一式――使う漆器へ」（2009年）で初めてお仕事をご一緒したでしょうか。それに続く同ギャラリー「重と箱――見立てる器」（2010年）と共に、実用の漆器がテーマでした。そして2013年からご一緒しているのが、美濃地域の窯業振興のプロジェクトです。少しずつ進めていますけれども、誰にとっても他人事ではない、日常目にし、また使っている器であり、その9割が美濃地域で生産されている「ラーメンどんぶり」をテーマとした、「美濃のラーメンどんぶり」展（201

4―2015年）はとても面白い展覧会になりました。

そう考えてみると、佐藤さんとはずっと「ケ」をテーマにお仕事をしてきたような気もしますが、「ケの美」展には、そうした佐藤さんにとってのケとは何か、という部分も当然含まれているわけですよね。

佐藤　そうですね。普段の仕事として、ごく日常の中にあるもののデザインに関わることが多いのですが、意識には上らないけれど、そこで働いているデザインは確かにある。そういう仕事を黙々とやって、時には「デザインの解剖」（2001年～）などのプロジェクトにもつながっていくので、日常の裏側で働いているデザインについて知っていただきたいという気持ちはありました。それとね、やっぱり「ケ」という音の響きも大切なんですよ。「あ」もそうだけど。

橋本　NHK Eテレの番組「デザインあ」ですね。「あ」から「ケ」へ（笑）。

佐藤　見出しになりそう（笑）。

日常の中で働く アノニマスなデザイン

佐藤　とかくデザインというと、何かを「意識させよう」とすることが多く、広告はその典型です。消

費者に意識してもらえなければ、そもそも機能しない存在なんです。僕はそういう世界でキャリアをスタートしたわけですが、さすがに何年かやっていれば、「ちょっと待てよ」となります。僕らの日常生活のほとんどは、そうじゃないものに囲まれている。それはどうなっているんだろう、と気づいたとき、そこらじゅうにやることがあるぞ、と、まるでビッグバンのように、デザインの世界が広がったんです。

　たとえばグラフィックデザイン、プロダクトデザイン、インダストリアルデザイン、ファッションデザインと、カテゴライズされる世界や、そこで名作と呼ばれているものは確かにあります。けれど身のまわりを見渡せば、民藝といわないまでも、誰がデザインしているのかわからないプロダクトがほとんどでしょう。そういうものをデザインの視点から語ることをせず、特別なものだけにデザインの名を冠してもてはやす。デザイナーたちが皆そういう意識になってしまうと、社会性を失いかねないという危惧が芽生えてきたんです。

橋本　それはいつ頃のことで、何かきっかけはあったのでしょうか。

佐藤　美大受験で浪人して、予備校生をやっている時だったでしょうか。父親もデザイナーだったのですが、その父に「（既にあるものを取り除く）『マイナスのデザイン』というのもあるんだ」と言われた時、何かがすごく引っかかった。それまで僕はデザインというと、何かする、カッコいいものをつくる、などプラスすることしかイメージになかったので、どういうことなんだ、と気になったんです。でも男同士なんてそもそも普段から話はしないし、照れくさいし、親父なんかに訊くもんか、みたいな気持ちもあって、結局正面から尋ねることはできませんでした。そういうところから、少しずつ考えるようになっていったように思います。

　まだまだ経済成長が続いていた頃で、戦後の貧しさを知っている世代は当然、「ない」より「ある」方がいいと考えます。そうして身のまわりにものが溢れてくると、次の世代には「本当はなくてもいいんじゃないか」という視点が生まれてくる。

ところが自分が依頼を受けて、ものや広告をデザインするようになると、そもそもそれが社会にとって必要なものかどうかを、自らに問わなければならなくなる。もちろん、いちいち考えなくても仕事は成立します。ですが高度成長期を経て、環境問題などがクローズアップされてきた時期ですから、自分が関わることについては、やはりきちんと理解しておきたくなってきたのです。

橋本　佐藤さんが仕事としてデザインに関わりはじめた時期は、情報テクノロジーが急速に進歩していった時代でもあります。地球を俯瞰的に眺めることができるようになると、市井の一個人であっても、世界各地で起こっていることに、自分が確かに繋がっていることを実感し、責任を感じるようになってしまう。

佐藤　そうです。それ以前は、自分が関わることで、環境や社会がどう変化するのかわかりませんでしたから。ミクロなら私たちの身体の中で起きていることと、マクロなら私たちを包んでいるこの環境＝地球が、宇宙的なスケールで見ても、信じられないほど奇跡的な存在であることとか……。若い時にもっと勉強しておけばよかったと思うことしきりなんですが、遅ればせながらさまざまなことを知った今、デザイナーという立場で、何ができるのか、考えずにはいられません。

橋本　そこで恐らく、デザインという言葉の原義に含まれている、「計画」という側面が活きてくるのでしょうね。「もの」そのものだけでなく、ものを包摂する社会全体、あるいはものが辿る時間経過も含めた、ある「生態系」の中での振る舞いをリサーチし、適切にデザイン＝計画していくような能力が求められている。

佐藤　そういう能力を発揮しなければいけないのは確かなんですが、一方で、欲望にドライブされた高度資本主義経済の中で、どこまでできるのか、という問題もある。矛盾に直面した時、だからすべてを放棄するとか、もしくは明日にでも社会をよくしなければ、という発想になるのでは、テロと変わりありません。テロで世の中がよくならないことは、証明済みです。だったら全ての人がそれぞれの置かれている立場で、少しでもいい方向へ向けていくよう、努力するしかない。

橋本　それに欲望を完全に捨てるのがいいことかというと、必ずしもそうとは思えない（笑）。欲望を捨ててしまうと、人間は美しいものを生み出せなくなりそうですから。もちろん自然の調和、秩序から生み出された結晶が美しい、植物の形が美しい、物理法則を記述した単純な数式が美しい、といった感動はあるのですが、卑小な存在である人間が、よくもこれほど美しいものをつくり出せたな、という感動もあるでしょう。

佐藤　ありますね。たとえば大量生産品って、一点もののファインアートと比べて、大量のゴミになって環境も汚して、と悪者扱いされるのが普通です。ですが大量生産品は、限界まで無駄を省いたり、究極的なコスト計算の上に成り立っていたり、やるべきことをやっていれば、「社会が生み出すもの」として、一人の芸術家が生み出すファインアートにひけを取らない、人間がつくり出した人工物として、究極的なオブジェクトになり得るとも信じているんです。そういうものに、黙々とアノニマス（匿名）なまま関わっている人たちが大勢いて、この日常が成り立っている。そういう方たちに対する尊敬の念が、

自分の中にあるんです。「ケの美」展のテーマの奥には、そういう〝あたりまえの日常〟をもっとよく見て、理解してほしい、という長年の思いが潜んでいたりもします。

アートとプロダクトのあいだ

橋本　ファインアートと大量生産のマスプロダクトの関係って、人工物としてまさにハレとケの存在ですよね。無意識に対照しながらお話しされているようでしたが。

佐藤　あれ、ホントにそうですね（笑）。気づいていませんでした。日常から切り離された特別なもの、ハレの存在にすることで注目が集まるわけですから、たとえばこれからの未来に対するメッセージは伝えやすくなる。強烈に意識化させるところにこそ、アートの意味や価値があると思うんです。ところが大量生産品の場合は山ほどあるから大切にされないし、注目もされない。

橋本　もとは同じところから生まれたはずなのに、面白いですね。私が大学で日本美術の通史を教えていた時は、二足歩行を始め、両手を自由に使えるようになった人類が、手の技を駆使して人工物をつくりはじめたところからスタートしていたんです。要するに旧石器時代の石器ですね。

これが面白くて、私たちの直接的な祖先であるホモ・サピエンス以前からの特徴として、石器には左右対称性と表面の平滑性が認められます。肉を切ったり皮を剝いだりする、日常の、というか生きるために必須の道具としての機能を考えるなら、そこまできれいな対称性や、表面の滑らかさは必要ないはずです。にもかかわらず、時間と手間をかけて、実用的には意味のない、凝った加工を施している。

それは見て感じるためのもので、もし石器が機能を喪失し、見て感じるため〝だけ〟のものになれば、もはやオブジェクト、「Ａｒｔ」です。「Ａｒｔ」の語源はラテン語で「わざ」を意味する「Ａｒｓ」ですが、両者はそのはじまりからグラデーションをなして人工物の上で混ざり合っている。現代で言えば、iPhoneの造形はまさに、左右対称性と平滑性を極限まで追求した、マスプロダクトです。

そして命を繋ぐことが今より遥かに困難だった時代にあってさえ、生きるための道具に、多大な手間と時間を投じて、見て感じるための〝凝り〟を与えずにはいられなかった。それが人間のものづくりの源流にあり、やがてあらゆる場所に行き渡り、使い捨てられるようになったケの大量生産品と、非日常の領域に置かれ、ユニークピースとしてつくられるハレの芸術へと至る歴史の中に、美術史があるんだよ、という話をします。ものをつくり出す技術、手のわざ。すべてはそこから始まるんです。

佐藤　『2001年宇宙の旅』の、最初のシーンを思い出しますね。

橋本　まさに（笑）。手に握った骨で、動物の骨格を殴りつけ、粉々に打ち壊す。やがて宙へ放り上げられた骨は回転しながら飛んでいき、宇宙船の映像に切り替わる。

佐藤　いま見ても恐ろしいほどシンボリックなシーンです。

橋本　左右対称性とか平滑性と聞いた時、私は最初、ホモ・サピエンスがつくる人工物の特徴なのかと思ったら、それ以前からだと、人類進化学者の海部陽介さんに指摘されました。それほど古い時代から、我々は同じ要素を好み続けていることに、なんとも言えない感慨を覚えます。

対称から非対称へ

佐藤　左右対称って、人間で言えば身体の線対称で、左右に腕があって、足があって、一対の目があって……ということですよね。植物や動物、昆虫もおおむね同様です。

橋本　生命がこの地球という環境に適応しながら進化する過程で、必然的に備えるようになった性質ということなのでしょう。だから対称の形は、生き物として健全であることを示す基準となり、異性を誘うことや、同性との競争にも有利に働いた。そしてもっとも原初的な美の条件として、人類が認識するようになったのではないでしょうか。その後で、それこそ織部の沓形（くつがた）茶碗のような非対称の造形に、一歩進んだ、より高度な美を感じるようになっていったのでは。

佐藤　非対称の象徴というと、渦や螺旋がそうですね。水が穴に吸いこまれていく時にも渦ができるし、髪の毛も渦を巻いているし、植物や貝にも渦を巻きながら成長するものがあり、銀河だって渦を巻いている。つまり渦って左右対称を壊す形であり……。

橋本　陰陽のように非対称のもの同士が補い合って、より完全な美を実現するものでもある。

佐藤　そう考えていくと、私たち生命の中に元からインストールされている美の基本要素は、何種類くらいあるのか気になります。先ほど織部の茶碗について触れていたけど、そういう意味で日本は、左右非対称の美がかなり豊かに育まれているんじゃないですか？

橋本　たとえば中国だと、広大な地域に散らばる、言葉も文化も異なる複数の民族を統治しなければなりません。その巨大な共同体で共有できる美の価値観というと、まず完璧な左右対称で歪みも欠けもないとか、素材自体が貴金属や玉など価値あるものだとか、超絶技巧の加工が施してあるとか、誰が見ても、わかりやすく「すごい」ものがいい。

一方、京都みたいな狭い地域にごちゃごちゃ集まっている同質性の高い集団だと、「超絶すごい技術」とか「貴重な素材」でなく、「これ見よがしではない形で凝らした技術」とか「パッと見素朴だけど実はレアな素材」みたいなものを、わかる人にはわかる、という方向で有り難がるようになる。

文芸だったら、『徒然草』の「花は盛りに、月は隈なきをのみ見るものかは」ではないですが、雨夜に月を恋うとか、散ってしまった桜に満開の過去を思うとか、不完全なリアルを、人間の感覚や思考によって補いながら鑑賞する方に、より高度な美意識があるとする感覚が、中世には育っていました。

佐藤　左右対称の美はもうわかってるから、その先へ行こう、ということですね。それはわかるな。現代について考えてみても、日本のグラフィックは圧倒的に非対称で魅力的な作品が多いんです。左右対称が生理的に気持ちいいのはもうわかっているし、わかりきっていることをやるのは野暮。魅力的な作品はやはり、ちょっと外す方が粋だという価値観でつくられているものが多いです。その一方で、大量生産品って左右対称の形が多いんですよ。

橋本　それは認知コストを下げるためじゃないですか。大量生産・大量消費の商品について、「いいものだ」ということを、なるべく大勢の人が瞬時に判断でき、結果として手に取ってもらうためには、左右対称の方がいい。

佐藤　そうです、確率を上げなきゃいけない。

橋本　うーん、って考え込まれては困るものですから（笑）。

佐藤　世界で一日に100個売れればいいものは、ごく一部の人がその価値をわかってくれればいいけど、100万個売れなきゃいけないものの場合は、そういう「高度な美」は機能しない。

橋本　その対称性を美と言うべきなのか、生物にとって根源的な秩序や安心感を否応なく感じさせてしまうもの、と言うべきなのか（笑）。

ケという日常が豊かになっていく

佐藤　そういえば、日本の歴史の中で、庶民の日常、ケの生活が豊かになっていくのは、いつ頃からなんですか？

橋本　普通に考えるなら、やはり江戸時代に入ってからでしょうね。単純に戦争がないだけでまったく違いますから。それに食べていくだけで精一杯、ではなく、花見や潮干狩りなどの行楽、園芸や俳諧などの趣味、芝居や相撲見物といった娯楽も増え、教育も普及する。地域によって状況は違いますし、庶民といっても上から下まであるので、満遍なく全員がとは言えませんが、それ以前とは格段に違うと思います。

佐藤　やっぱりそうですよね。

橋本　ただ中世もそれなりではあるんですよ。「お伽話」という言葉が生まれたのは明治時代とされていますが、その前には「お伽草子」という名の、一連の物語がありました。ストーリーそのものの成立は平安時代まで遡るものもあり、室町時代に入る頃、それが絵巻などの形を取り始めます。たとえば「浦島太郎」や「一寸法師」も、元はこの「お伽草子」のひとつでした。

　その中に、鬼や妖怪の群れが深夜の町を列を成して行進する様を描いた「百鬼夜行絵巻」があります。普通のお伽草子と違い、詞書（ことばがき）と呼ばれるストーリー部分がないので、どういう物語なのか正確にはわかっていないのですが、それまで目に見えない存在とされていた鬼や妖怪を視覚化したことに大きな意味がある。陰陽師を主人公にした小説やドラマでも有名になったように、平安時代の貴族たちは、漠然とした霊気や怨霊など、見えない霊的な「もの」に対して恐怖感を抱いていました。

　やがて中世、室町時代くらいになってくると、社会の生産性が上がり、経済が活性化して「もの」の生産力が上がり、庶民の身の回りまで「もの」が溢れるようになります。すると、こうした「もの」には100年も経つと魂が宿って付喪神（つくもがみ）となり、人に害をなすのではないかという新しい考え方が生まれてくるのです。

　たとえば「付喪神絵巻」には、長い年月、人間に仕えてきたのに、煤払い（すすはらい）で捨てられてしまった道具たちの、人間への復讐が描かれています。ものを捨てても新しい代替物がすぐ手に入る、ものが溢れる社会を反映したものでしょう。もちろん近代の大量生産・大量消費とは違うでしょうが、庶民レベルで「ものが無駄にされる」ケの生活が始まるのが、室町時代くらいだと考えられています。

佐藤　面白いですね。そういう時代、土地に依拠して生活していた人たちは、自然のリズムに従っているわけだから、一年の中で、あるいは一日のうちでもやることがある程度決まっていて、生活のサイクルも確立されていたのかな。

橋本　畑作や稲作などを生業とする人は、そうでしょうね。特に神社の春秋の例祭は、稲作の始めと終わりを示すもので、春は山の神が田へ降りる／五穀豊穣を願う、秋は田の神が山へ入る／豊作を感謝する儀礼ではないかと、柳田國男が言っています。

佐藤　ハレとケという概念はまさに柳田が提唱したものですが、その頃には今よりずっとメリハリがあったのでしょうね。

橋本　水田稲作のような、水の管理も含めて共同体が一丸となって取り組まなければならない生業の場合、そのメンバーの日常には規制が多いでしょうね。タブーも当然厳しく設けられていると思います。そんな日々のタブーが取り払われて、日常と異なる振る舞いが許される祭の日、ハレの時間は、心躍るものだったでしょうし、ガス抜きにもなったと思います。

佐藤　そこが現代とは大きく違うんです。我々の日常はそこまで規制されていませんし、何をハレ・ケとするかは人によっても違う。一日の中でもハレの時間、ケの時間が入れ替わっていくので、そんな単純に、ハレとケを峻別できないんです。もっとモザイクになっている（笑）。

たとえば今夜、どこかでちょっとしたパーティのような集まりがあったら、それは当然ハレと見なされますが、それ以外の時間は黙々と仕事をしたり、家事をしたり、夜の楽しみのために、昼間に頑張る、みたいなところがあるじゃないですか。ですからあえて「ケ」だけを取り上げることによって、今の社会、今の生活の中のケの部分はどこで、何なんだ、ということを考えてみたかったんです。

中庸を見極める

佐藤　ちょうど家事の話になったから、そのまま続けようと思うんですが、土井善晴さんがお書きになった『一汁一菜でよいという提案』は、このテーマを思いつくきっかけに、確実になっているんです。

40歳くらいのとき、自分の身体を中庸の状態へ持って行くことを、食を通じて半年くらい実験してみたんですね。その時、「食は基本だ」と実感した。

橋本　具体的に、どのような実験をされたのですか？

佐藤　当時、僕の身体は酸性に、陰陽でいったら陰の方に大きく傾いていると、ある先生から言われました。それを中庸に戻すために、アルカリを加えていく、というのが大まかな方針です。言われたとおりの食事を半年間続けたら、もう本当に、みるみる身体が変わった。食がいかに自分の身体に影響を与えているのか、思い知りました。

橋本　そういった先生に診てもらおうと思われたのは、何か体調の悪さを感じておられたのでしょうか。

佐藤　普通の健康診断では悪い数字はまったく出ていなかったんです。たまたまサーフィンしていて、海で波を待っていた時、どんより重い気持ちを自覚した。気持ちがよくて当然の、最高の状態の時に、なんで自分はこんなに気持ちが重いんだろうと思って、ちょっと調べてもらおう、くらいの軽い気持ちで行ったら、思い切り酸性に傾いてますよ、と言われ、びっくりして。じゃあ、というので、実験のつもりで食のアドバイスを実行してみたら……でした。食を通じて身体を中庸に保つのも決して簡単なことではないのですが、実はデザイナーも、そういう視点、感覚を持っていなければいけないのではないか、という気持ちが強いんです。自分がどのあたり

佐藤卓が装幀をお手伝いした。題字は土井さんの手によるもの。

にいるのかを、客観的に把握していなければならない。とんがっているのか、善くも悪くも遅れているのか、ズレているのか。ズレているなら、どちらに傾いているのか。それがわかっていないと、自分が判断を下すものが社会的にどんな位置にあり、またどんな価値を持つのか、わからなくなってしまうからです。

橋本　そして何もとんがった、偏ったデザインをするデザイナーがいけない、という話でもない。

佐藤　そうです。偏ってたって面白ければいいと思うんだけど、それだけを一生やっていく覚悟が要る。後で他のことがやりたくなったとき、いつの間にかできなくなっているからです。どこへでも自由に行ける状態をキープしておきたいなら、やはり中庸という感覚を持っていた方がいい。やりたいことをやっているのが自由だ、と若い頃は思うんだけど、知らず知らずのうちに、ものすごく不自由になっていることもあるから、そこは気をつけてほしい。若い時からそうじゃないかと思っていたんだけど、年を取るにつれ、だんだん確信に変わってきました（笑）。

そういう意味で、みんなとんがった方向のデザインとして仲條正義さんを褒めるけど、たとえば松屋銀座のロゴも仲條さんの作品です。でも「えっ、本当に？」と言いたくなるくらい、いい意味で中庸で、シンプル。にもかかわらず、しっかり松屋らしい書体にもなっている。ああいうことができる方なんです。

橋本　中庸が何かわかった上でそれを外し、さらに振り切ったところまで行っちゃう（笑）。

佐藤　そう、そこが仲條さんの一番すごいところです。中庸がどこかわかっていて、なおかつ、あのとんがった絵とデザインができるんだから。

自分がどうかといったら、とてもそこまで行けない。仲條さんのような領域まで行きたければ、中庸だのデッサン力だのみたいなものから解き放たれるとか、一度自分を思い切り壊すようなことをしなければならない。僕もそういう志向は持っているつもりですが、造形という意味では、そこまで行けていません。行きたい気持ちは今でもあるし、試行錯誤もしています。それでも仲條さんのデザインを見ると、自分はまだまだ壊し方が足りないな、と思いますね。

「自分」から離れる

佐藤　誤解を恐れずに言うと、この頃どんどん「自分が表現すること」への興味が薄れてきているんです。「デザインあ」のような番組や、今回の「ケの美」展もそうですが、あるテーマについて、若いクリエイターに議論してもらったり発表してもらったり、そういうプラットフォームをつくる方が、今の自分には合っているのかな、と。もちろん、自分がやらなければいけないときには、やります。そのための技術は身につけてきましたから。

橋本　「種から芽が出る」の比喩ではありませんが、プラットフォームになる場所を猛烈に耕しておくのが佐藤さんの仕事で、そこへさまざまなクリエイターたちがやってきて才能の種を落とし、花を咲かせる。その花の美しさから、事後的に、佐藤さんが耕した土の深さや地味の豊かさがわかるという、非常にわかりにくい仕事なのでしょうね。

佐藤　そういう仕事の方にむしろ、どんどんやり甲斐を感じるようになってきています。

橋本　それは年齢が理由ですか？

佐藤　若い時からですね。「問題は広告じゃないだろう」と思ってしまう。たとえばウィスキーメーカーなら、長い間何を考えながらその酒をつくってきたのか。味の基準は何で、誰が決めているのか。それこそ、彼らが耕してきた土壌の方に、どうしても興味を持ってしまうんです。土壌がよければ、そこから吹いた芽は放っておいても育っていくわけだし、本当はいつもそこから関わりたいと思っていました。

橋本　ですが、一般的に広告代理店の仕事は、その畑で収穫された作物をどう美しく料理して皿に盛るか、というところからでしょう。畑を耕しに行かせて下さいと言っても……。

佐藤　広告の仕事は最初から長く続ける気はありませんでしたが、いずれにしても辞めざるを得なくなる。どうしても遡って、どういう背景からそのものが生まれたのかに興味を抱いてしまうし、それが理解できないと、先へ進めないんです。たとえば、見慣れた大量生産品であっても、デザインという視点で読み解けば、驚くほど多様な工夫が凝らされている。それを明らかにしていく「デザインの解剖」なんてプロジェクトも、そういうところから始まりました。「ケの美」だったら、「ほとんど意識に上らないもの」に囲まれている時の心地よさとは何だろう、と考えたところがスタートです。あるいは、自分自身が解放されていると感じる状態は、何かに強く興味を惹かれている状態ではない、とかね。

橋本　単に弛緩したリラックスではなく、肩に力が入った集中でもない。興味を惹かれるものが見つかった瞬間、すぐに走り出せる、準備万端でニュートラルな状態ですね。

対談合宿の場となった「暮らす宿 只今加藤家」より。 ©KOTARO IBA

佐藤　余計な力が入っていないから、いい意味でいろんな情報を自由に泳がせていられるんです。それがあるときピッとつながったことを、敏感に察知できる。それがいわゆる「アイディア」を思いつくことなんです。自分自身をそういう状態へ、いかにして持って行けるかも、とても重要な気がしていて。

橋本　よく「散歩をしていて思いつく」というのも、知らない道を歩いている時ではなく、いつも歩く、ルーティンの散歩道でしょうね。

佐藤　そうそう、同じことを繰り返している時、急にアイディアが浮かぶんです。

橋本　次の角を曲がるかどうかとか、階段を降りてみようかとか、そういう問題に一切気を取られることなく、身体が無意識に「いつもどおり」をなぞっている。一方で、脳への課題の入力は終わっていて、そのことを必死にぐるぐる考えているわけでもない。

佐藤　僕の一番いい状態は、やっぱりサーフィンをしていて、入り慣れているポイントで波を待っている時かな。危ない岩の位置は知っているし、どういう波が来るかもわかっている。そこでぷかっと浮かんで波を待っている状態がすごくいい。日常でだって、顔を洗ったり歯を磨いたり、いちいち意識しないで行動しているでしょう。そういう時にアイディアを思いつくんです。それも「自分で考えてる」って感覚はほとんどない。脳の中の自然が起こしている（笑）。つまり「ケ」の状態はすごくクリエイティブってこと。

橋本　だからこそ、「ケ」は滑らかに、滞りなく進んでいかなくてはならない。

佐藤　そういうことだよ。うわあ、これは深いな。そういう時、確かに「あ」って言ってるなって、それこそ風呂に入っている時か何かに、「デザインあ」の番組名を思いついたんです（笑）。いつものようにお湯を溜め、いつもの格好で、何なら浴槽には右脚から入ります、くらい決まってる。でも別に考えてそうしているわけじゃない。

橋本　特別に心地いいからそうしているわけじゃなく、単なるルーティン。

佐藤　それこそ土井さん的に言えば、「毎日の食事なんて特別に美味しくなくていい」。美味しいかどうかより、それを続けられることの方に価値がある、というお話でした。美味しいかどうか、意識にも上ってこないくらい「ケ」になっていることが大切だ、と。それが新しく何かを思いつける状態なんでしょう。ところが世の中では、僕らの仕事なんて、「思い切り考えるぞ、アイディアを出すぞ」というものだと思われているでしょ。「いつアイディアを考えるんですか」って質問も多いけど、「考えてない時です」みたいな返事になってしまう。

橋本　禅問答みたいですね（笑）。自分をどれだけ意識的に絞っても、大したアイディアは出てこない。「自分」から離れるという意味では、自分以外の人との対話、あるいはブレインストーミング的に話すのもいいですね。

佐藤　対話の時は、意識が相手に向かうのがいいんでしょうね。「自分」なんて意識しはじめると、ろくなことがない（笑）。

デッサンから始まる

佐藤　日本語では普通、「デザインする」というでしょう。「デザイン」が動詞であるにもかかわらず、さらに「する」がつくので、どうしても「何かしなければいけないもの」という概念になってしまったような気がしているんです。そうすると、既にそこにあるよさ、価値に気づくことができず、壊してしまったりする。

橋本　佐藤さんご自身は、もちろんご自分で考えてその判断をされると思うのですが、たとえば事務所のスタッフの方たちに、どうやってそうしてもらう、というか、しないでもらうのでしょう。

佐藤　それはもう、一緒に具体的に考えて、提案してもらって、出てきたものに対して、よければいいというし、そうでなければ、「これはやり過ぎだ、なぜならば……」という話をします。書体ひとつ取っても、今はいいけど、5年経ったら普遍性がなくなって、ちょっと恥ずかしい感じになるから、もう少し抑えておいた方がいい、というような。じゃあ何をもってやり過ぎかそうでないかを決められるのかといったら、恐らく2つ理由があると思うんです。

ひとつは、あまり大きな偏りを持たず、俯瞰的に社会を見る視点が自分の中にあること。やり過ぎず、足りなさ過ぎず、ちょうどいいのがどのあたりか、これは日常生活をしていれば、あらゆるものごとに囲まれるので、そういうものを見ているうちに、基準ができてくる。もうひとつが、その「ちょうどよさ」を形にする技術。これは造形の基本である、デッサン力なんです。

橋本　美大に進む方が習得するデッサンは、恐らく一般の読者が美術の時間に習ったものとはだいぶ違うのではないかと思います。造形の基礎、というと、これもまた「ケ」ではないかと思うわけですが、佐藤さんが言うところのデッサンとは、どのような技術なのかお話ししていただけますか？

佐藤　僕は1年浪人しているので、現役と浪人時代と、デッサンに集中して取り組んだのは2年間でした。石膏デッサンが多かったですが、基本的には何を描くのでも構いません。いずれにしても、ものを見て、描き写すのがデッサンですが、人間はただ見ているだけでは気づかないことが多く、いざ描く段になって初めて、そのものがまだ見えていないことに気づき、もっと見なければ、という状態に追い込まれる。専門性によってそれぞれデッサンの傾向があり、私の時代、油画科の受験生はそれほど緻密な表現ではなく、比較的大きなマッス（一つのまとまり・かたまり）で形や動きを捉え、力強く情感豊かなタッチで仕上げていました。一方、デザインを目指す人たちは、目に見えている部分を通して、緻密にものの内実を捉えようとする。だから自分はまだ見えていない、もっと見なければならない、と、修行のように訓練していました。そういった訓練を重ねることによって、0・1ミリ右なのか左なのかを、判断できるようになってくるんです。

実際、この時期のデッサンの訓練って、大学に入ってから勉強したことの100倍くらい自分には意味がありました。ある対象を見ながら描く時、自分の姿勢が僅かに変わっただけで、対象の見え方も変化してしまう。ということは、まず長時間保つことができる姿勢を探さなくてはならない。あるいは、夏と冬では汗のかき方も当然違うので、木炭とか鉛筆などを手指でぼかす時の調子も変わってくる。どの時期に、どうやってぼかせばいいのか、自分の身体そのものと一緒に理解していくわけです。

しかもデッサンをする際には、対象を常に真正面から見ているわけではなく、自身は斜めから見上げたりすることも多い。すると対象の前面・背面の中央を縦にまっすぐ通る、正中線がズレて見えてくる。さらに描くために用意した画面も違う方向を向いている。その3つの次元を同時に認識しながら、紙の表面に立体として写し取っていく。そういう訓練をやりました。

橋本　ものを見る時に生じる複数の認識と、それをいかにうまく整合させ、身体を通して精度高く出力していくか、そのために身体をどうコントロールするか、といった問題が、同次元で結びついていないと、最終的に「いいデッサン」にならないわけですね。

佐藤　そもそも、ものを見ているのは頭部についた左右一対の目であるわけだけど、デッサンするのに動かす腕は肩から生えているじゃないですか。どれほど目で見たものに忠実に描きたいと思っても、そこからずれた、肩を中心に動く腕を操作することで、アウトプットしなければなりません。「目から腕が生えていればいいのに」と思いましたよ(笑)。でも、ずれた場所にある腕を動かさざるを得ない。それで水平・垂直を測りながら描いていくのは、よく考えたらかなり難易度が高いことなんです。僕らは何気なくデッサンを描く、といい、実行しているけれど、意外と難しいことをやっているんじゃないかと気づく。「おい、おまえ、どうしてそんなところについているんだ」と言いたくなるくらい、腕って不思議なところについているんです。そういう難しいことをやる以上、いかに同じ姿勢を保つことが大切かということにも思い至るようになる。描くことの中心となる腕の位置が変化してしまったら、対象を捉えることができませんから。そうやって連鎖的にどんどん新しいことに気づいていくのが、面白くて仕方なかった、というのが正直なところです。デッサンの訓練は、他の誰の役に立つのでもなく、本当に自分を鍛えるためだけのものなんですが、そうして自分の知らない自分が明らかになっていく過程そのものが面白い。決して受験のために仕方なくデッサンを勉強していたわけではないんです。

橋本　自分が明らかになる、とは具体的にどういうことでしょう。

佐藤　たとえば対象を写し取るために線を1本すっと引く時、目から情報をインプットして、線としてアウトプットされたものをまた目で見ているでしょう。アウトプットとインプットが同時に起こっているわけです。その過程で自分に何が起こっているかを常に考えてなくちゃいけない。インプットとアウトプットの繰り返しの中で、精神的なものはどうしても出てしまう。

それが、慣れて来るにつれてコツがわかってくるから、自分の中でのインタラクション（相互作用）に耳をそばだてる感覚を失い、体得してしまったコツを生かして、よく見ないで描くようになってしまうんです。小手先って、そういうこと。だから長年やってればいいかというと、そうでもなくて、自分を律して、「俺はちゃんと見てないぞ」ということに自覚的でいないと、どんどん小器用に上手くなってしまう。そうすると今度は上手いとは何か、と考える。見る、見えるとはどういうことかも考えるようになる。対象はひとつなんだけど、それぞれの脳が、そこから何を読み取っているか。同じものを見ても、全員異なる認識になってしまう。

橋本　デッサンの訓練は終始ご自分一人で完結されていましたか？

佐藤　一人そういう話の大好きなやつがいて、浪人生時代に、立ち食い蕎麦屋でよく哲学的な話をしていました。予備校から帰る電車の方向が同じだったので、吉祥寺で降りて、2人して立ち食い蕎麦屋に寄る。そして蕎麦を食べながら、「デッサンてさ、自分の中身が外に出るよね」なんて話をするわけです。体調の良し悪しや、悩みがあればそのことが、どれだけ自分を律していても出てしまうのはなぜだろうね、と。そこが面白くもあったんですが、予備校でのデッサンの講評の時、こんなことがありました。予備校では一週間に一枚デッサンを描いて、毎週金曜日にその講評をしてもらうんですが、ちょうどその時はいつもより調子が悪いな、という自覚があったんです。そうしたら担当の先生に、「卓、お前なにかあったのか」と。

橋本　第三者からも一目瞭然なんですね。もちろん当時の佐藤さんのデッサンを、継続的に見ていることもあると思いますが。

佐藤　そう、身体検査を受けているようなところがあるんです。ただ、先々それがどんな風に役に立つのか、やっている時はわからない。

橋本　デザイナーにとって生命線となる重要なスキルであるにもかかわらず、修業の段階ではそれが何の役に立つかもわからない。武道や古典芸能などで伺うお話とよく似ていますね。

佐藤　ついでに言えば、大学へ入ってしまえばもう、デッサンの授業はほとんどない（笑）。

橋本　答え合わせもないんだ（笑）。

佐藤　結局、大学ではそこまで集中的にデッサンをやることはないので、浪人したお陰で丸2年取り組めたのは、本当によかったと思っています。なぜなら、そうやってデッサンを通じてありとあらゆることを勉強しているうちに、「ちょうどいいラインはどこか」を決める根拠ができあがってくるから。自分がどこまでできているかわからないけど、それを頼りにするしかありません。0・1ミリ右か左か、そんなもの、パッと見にはどちらだって変わらない。それでもやり過ぎていないか、足りないところはないか、社会の状況と造形の訓練とを照らし合わせて、ここしかない、というポイントを見つけるんです。

そう、「つくる」でも「表現する」でもなく、「見つける」。この宇宙のどこかに隠されている、誰も見たことがない美しい数式と同じように、「見つける」んです。それは誰がやってもいいと思っていて、スタッフでも、場合によってはクライアントが見つけるのでもいいんです。

消えるデザイン

橋本　ちょうどいいポイントを「見つける」と表現されているのが面白いですね。しかもその発見者がご自分でなくていい。自我に対するこだわりがない、固執していない。武道だと、ひとつの発見や達成に固執するような状況を「居着く」と言って、要するに居着くのはよくない、という文脈で使います。その瞬間の限定的な成功体験や、狭い思考に固執しては、より高次の段階へ進めない。そして自他の境界線も曖昧でいい。ここに佐藤卓がいます、ということが見えなくなってもまったく構わない、という（笑）。

佐藤　まったく構いません。むしろ見えない方がいいくらい。デザインは本来、「それでいい」ものだし、「心地いい」と感じられるのは、そういうところに無理がない、気にならなくていいものが気にならないよう、つくられているんです。もちろん、ひずみを刺激として楽しむ局面はあるので、それはそれでいいんです。一切が滑らかに整えられているところで感じる心地よさ――心地よいと意識されることもないくらいの――があるからこそ、刺激が際立ってくる。これってまさにハレとケそのものですね。

橋本　デザインが裏でよく働き、日常が滑らかに進んで行くためには、デザイナーの自我が幅をきかせていてはいけないわけですね。すべてが渾然一体と馴染んで、滞りなく日常が営まれている、という状態が美しい。

佐藤　日常においてはそういう状態の方が圧倒的に多いですからね。ところがピックアップされるのは、いわゆるハレの部分ばかり。おかげで、そういうことをするのがデザインだ、とか、クリエイティブだ、とか思われがちなんです。

橋本　確かに、花火のようなものは素人目にもはっきり見えますが、それこそデッサンの話にあったように、訓練を重ね、自覚的に目を凝らさなければ見えないことがある。２００１年からＪＲ東日本に導入されたＳｕｉｃａ改札機だって、読み取り部分の角度が13度だなんて、誰も気にしていません。ですがあの角度を決定するにあたって、読み取りエラーが出ないよう、プロダクトデザイナーの山中俊治さんが徹底的なリサーチをされたことは有名です。いま私たちはＳｕｉｃａ改札機で人が詰まったら激怒しますが（笑）、滑らかに働いている時はまったく気にも留めません。

佐藤　だから逆に、「気づかせる」のはそれほど難しくないんです。以前、極端な言い方をしたことがあったんだけど、もし「普通にあればいいいもの」を気づいてもらいやすい、使う人の意識に引っかかるものにしたいなら、「下手なデザイン」をすればいい。誤解を招く言い方ですけどね（笑）。下手なデザインをすればするほど、大きな雑音をたてる、気づかれやすいものができる。ところが上手いデザインは気づかれない。

別の言い方をするなら、「デザインが消える」瞬間があるような気がしているんです。時計の長針と短針が重なる瞬間のように、少しずつ目盛りを合わせていって、ここしかない、というポイントでピッと決まった時、全てが消える。目盛りがちょっとずれたら、また現れる。文字ひとつつくるにしても、そういうポイントがあるように思うんです。

橋本　以前、土井善晴さんとお話しした時に出た、日本料理の本質、というテーマと重なってくるような気がします。料理名だと「おすまし」と呼ぶように、日本には出汁の雑味を取り除いて、徹底的に澄んだものを最上の味わいとする価値観がある。同じように、徹底的にノイズを消して、バリを削って、摩擦などないも同然の滑らかさ、視界のクリアさを実現するような、「研ぎ澄ます」デザインがある。

佐藤　どこまでできているか、心許ない限りですが、土井さんは謝る時の「すみません」にも、澄んだものを提供できないことを詫びる気持ちがあるとおっしゃっていましたね。それくらい、澄んだものがいい、美しいとする価値観があると。

橋本　よく「日本人の美意識」みたいなステレオタイプなテーマが話題になると（笑）、「引き算の美」が出てくるのですが、「引き算」というほど簡単なことをしているわけではない。そういう意味でも、「澄ます」は本当にいいコンセプトだと思います。上手に「ない」ように見せるためには、相当手数をかけなきゃならないこともよく伝わりますし。

佐藤　本当にそう思います。削っているわけではなく、大切な要素をすべて閉じこめていく作業なんだけど、それぞれの要素を最高のバランスで配置できれば、すっと存在が消えて、澄む。

橋本　だけど味わってみれば、美味しい出汁のように深いこくがある。

佐藤　こういった一連の考え方や技術って、西洋的な視点から見ると、わかる人にはわかるんだけど、わからない人には何もやってないように見えるんです。そんなものはデザインじゃない、と言う人も当然います。そこはもう、永遠に平行線でしょうね。理解してもらうのは本当に難しいです。

橋本　先ほどのお話にあった、「ちょうどいいポイントを見つける」感覚は、デッサンによってのみ育（はぐく）まれるとお考えですか？

佐藤　いえ、たとえば文字をつくる、タイポグラフィの分野の方だったら、「文字を模写する」ことで、同様の訓練をされていると思います。

橋本　葛西薫さんのバックグラウンドがまさにそうですね。高校生くらいの時からレタリングがお好きだったと話しておられます。

佐藤　何しろ「書体」ってずばり「体」ですからね。

橋本　活字の「ボディ」と言いますからね。

佐藤　文字には確実に身体性があると思います。そしてとても深い。そこで自分を鍛えることも非常に有効な修業になると思います。たとえばもうお一方、タイポグラフィの名手として知られる浅葉克己さんは最初、佐藤敬之輔さんという方の下でそれをやったわけです。
ただ今はそういうことを一切経験せずに、山ほどあるフォントの中から選択するだけ。字間だってソフトが自動的に調整してくれるでしょう。それは本人のせいじゃないですが、気がついている人は自分で手を動かしている。文字の体は自分で描いて、つくっていかないとわからない部分が絶対にあるんです。昔はコンピュータもないので、僕もある時期にそれをやりました。手で描いていくと、確かにひらがなの体がわかる、明朝体の体がわかる、という感覚があるんです。
それと、事務所のスタッフにも音大を出た変わり種がいます。デザインとは畑が違うけど、彼女はピアノの訓練をそれこそ10年単位で精密にやっている。それはデッサンと同じ、解像度を上げるための訓練になっていたのだと思います。（待機していたスタッフに）そうだよね？

スタッフ　それで何とかついていけてるのかな、と思っています。

佐藤　結局、自分の考えた演奏をアウトプットして、それを耳で聞いてまた修正して、という繰り返しでしょう。

スタッフ　どう身体を使ったらイメージしたとおりに弾けるか、という部分も似ているかもしれません。私も当時は太極拳を習ったりしていました。

橋本　なるほど、訓練はどの領域でもあるところまで精密にやっておけば、そこから先は別の領域に対しても類推と応用が利くと。

「復古創新」する世界遺産の町

橋本　今回、インタビューの場として古民家を再生した宿泊施設をご提供いただいたのが、「ケの美」展にもご参加いただいた松場登美さんと群言堂・石見銀山生活文化研究所です。世界遺産・石見銀山に隣接する島根県大田市大森町を拠点に、アパレル、化粧品、雑貨などの企画販売から宿泊施設等の運営まで、非常に多彩なビジネスを展開されているんですね。

佐藤　写真家の藤井保さんのご紹介で、お仕事をするようになって、もう優に6～7年経つでしょうか。今後、どんな展開をしていけばいいか、この地域が培ってきた文化をどうやって残していくべきか、そういったご相談を受けるところから始まりました。こういう、日本の原風景が残っているような場所で、こちらとしても得るものも多くあるわけで、本当に喜んでご一緒させていただいています。

橋本　初めてこの町にいらしたのは、真冬だったそうですが、何に心を動かされましたか？

佐藤　なんでしょう、やはりこの土地での生活かな。こんな生活があるんだ、ということに、やはり感動したんです。「復古創新」という群言堂にとって大切な言葉、彼らが生み出した言葉が象徴していますが、彼ら自身がその地域に根を下ろして生活し、古いものをただ再生するのではなく、誰もやっていないような独自の方法で現代に甦らせている。そのことに、ただ感動しました。

大森町の鄙舎（ひなや）と、吉田正純さんの作品。　©Gungendo

もうひとつ、大学時代の同期生が、偶然この町のど真ん中でアーティスト兼お坊さんとして活動していたことにも驚かされた(笑)。何十年か前に郷里に帰ったと聞いたきりで……松場さんに町を案内してもらっている時、通りに設置してある鉄の立体作品(2018年8月現在約30点)はすべてその吉田正純さんのだと言われてひっくり返りました。

驚いたことは他にもあります。彼の作品がちっともアート然としておらず、この町とそこでの生活に馴染んでいるんです。まるで放るように置いてあって、赤さびに覆われていたりする。そうすると、道を歩いていてもアートだと気づかない。意識して「あるかな?」と目を凝らすと見つかる、という程度で、アートがケの存在になっているんです。それがすごく新鮮で、これからのアートのあり方を示唆してくれているような感覚を持ちました。

橋本　地方におけるアートというと、地域おこしの手段として最近すっかり定着……というか乱立している、ビエンナーレ、トリエンナーレ形式のアートフェスティバルをまず思い浮かべるわけですが、そういうものと、対極的なあり方をしているのですね。

佐藤　本当に対極です。アートフェスティバルは、それこそ「フェスティバル」というくらいで、ハレのお祭りですし、外からお客さんも大勢やってくる。ところがこの町では、アートが完全にケの領域に入りこんでいて、もしかすると地元の人たちはアートとすら認識していないかもしれない。なんだかよくわからないものが置いてあるけど、まあ邪魔になるわけではないから、景色の一部だと思えばいいや、と。そう、もはや町の「景色」「環境」になっているところが、すごく素敵なんです。

橋本　もし環境から引き離して、別の場所、美術館や東京の街角に置いたらどうなるんでしょう。

佐藤　宗教美術と同じなんじゃないかな。祭壇の聖画や仏像を、本来祀られていた場所から切り離して、美術館に持ってくると、聖なる空間の中で実現していた一体感は失われ、その聖性も薄れてしまう。彼の作品も同様で、輪郭がぼやけ、にじんで、環境と切り離せないくらい一体化してしまっている。しかもそれが、ぽつぽつと増えているんです（笑）。彼の創作意欲と、器としてのこの町が許容する大きさのようなものが、いい関係をつくっているように見えます。

橋本　絵画は額縁の中、彫刻は台座の上、そしてすべての文脈を断ち切るホワイトキューブの空間の中に、自立した存在としてアートが展示される、というのが近代的な美術のあり方です。ですがそれ以前は、洋の東西を問わず、いまアートと呼ばれているものの多くが調度であったり、信仰のためのものであったりしました。吉田さんの作品のあり方が、では前近代的かといえばそうではなく、それこそ群言堂のモットーである「復古創新」とリンクするように、近代の枠を超えた美術のあり方の、ひとつのサンプルになっているのでしょうね。鉱山と共に発展してきた歴史ある地域と、企業としての群言堂、そこで生きるさまざまな人々が渾然となって、とてもユニークなキャラクターを作り出している。

執筆過程で思考を深めることができた一冊。

とはいえ、町全体を見ていると、どこの地方も共通して抱える課題は当然あるし、手が回りきらずに放置されている部分もある。そういうケの顔を晒しつつ、それがそれなりに美しいたたずまいになっているところが、非常にレアケースなのだと思います。

佐藤　しかも、群言堂は現代の社会とちゃんとつながっているんですよ。ブランドを持って、都会とのやりとりができるネットワークもあって、ファンもいて。

橋本　都会の感覚もキープしておかないと、東京になくて地方にある魅力はなんだ、という視点を持てませんからね。

佐藤　それに気づいているから、こういうかたちのケを保っていられるのかもしれません。

橋本　「通い帳」（家ごとに商店での買物を記録し、月末にまとめて精算するための覚え）が生きている世界を保つ方が、自分たちにとっても、都会からやってくるお客さんにとっても魅力的だという判断を下せるところが、とてもしたたかで、見事な戦略だと思います。大都市圏からの距離や、交通の不便さもプラスに働いているところがありますね。

佐藤　また「不便」という、いいキーワードが（笑）。『塑する思考』（新潮社、２０１７年）にも書いたのだけど、とかく「便利」が基本で、それが満たされていない、ネガティブな状態を「不便」というでしょう。でもそれは失礼な話で、もっとポジティブな価値を感じられるような、新しい言葉がほしいんです。仮に便利という言葉を使うにしても、今や必ずしもポジティブな側面だけでは語れない。「放っておくと便利な方へ行ってしまう」ようなものじゃないですか。

橋本　ところがこの町では、便利に歯止めが掛かっている。たとえば今回泊まらせていただいた古民家では、当たり前ですが部屋の仕切りは襖一枚です。そうすると、早起きした朝は、物音を立てないよう、ひっそり動かなきゃならない（笑）。でも自宅でも宿でも、こうした木造に襖障子の家が一般的だった時代が、少し前まであったわけです。そういう状況では、今のようなプライバシーの感覚は持ちにくい。その代わり襖一枚隔てたら、その向こうで何が起こっていようと、他者のプライベートに関する領域だということで、「見えない、聞こえない」で自動的にキャンセルされるわけです。遮音性・気密性に優れた駆体で物理的に遮るのではない（笑）。

佐藤　それがこちらの身体にまかされていたのに、便利になるにつれて鈍く、がさつになっていく。

制約から生まれる豊かさ

橋本　似たようなことを、伝統工芸品を紹介する連載をやっていた時に、感じていました。たとえば刃物などがわかりやすいかと思いますが、こうした道具は与えられたら直観的にすぐ扱えるというものではありません。使う側が、道具のレベルに合わせて習熟したり、身体の感度を上げたりしなければなりません。道具との絶えざる応答の中で、自身が道具に合わせて引き上げられる、そういう道具のよさを紹介する、という方針でした。いわば、人間をさぼらせない道具ですね（笑）。

佐藤　人間側のソフトが生かされる道具とも言えますね。道具の身体性とはそういうこと。

橋本　はい、買ったら終わり、ではないんです。さらにその先に、出来合いの道具を買ってきて使うのではなく、自分の身体の性能や特徴を把握した上で、道具をオーダーするという領域もある。そういうことも、道具と人間との関係の一部だったはずです。

佐藤　そこまでじゃなくても、買ってきた道具を自分なりにカスタマイズするなんて、普通のことでしたからね。今でも僕ら、鉛筆はナイフを使って自分で削ります。芯を鋭く尖らせるのが好みの人もいれば、割と鈍角がいいという人もいる。ナイフで削れば、それは自分の好きなように調整できますから。硬い芯と柔らかい芯では、刃の食い込みも全然違うから、力の加減を間違えると、芯が折れてしまったりもします。そういうことを、昔はみんな鉛筆削りなんて作業から会得したわけです。ところが自動鉛筆削りみたいなものが出てくると、人間側のソフトを引き出す優れた道具が存在意義を失ってしまう。

怖いのは、そうした自分化できる道具がなくなり、既に「あるもの」から選んだものだけに囲まれて生活するようになった時、自分に合っているのかいないのか、それが身近に存在していて心地いいのか悪いのか、という感覚が鈍るところです。

橋本　そのもっとも恐るべき場所が、１００円ショップですよ。

佐藤　恐怖ですね。それなりの、まあまあ間に合うもの、これでいいか、というものが山ほどあるじゃないですか。

橋本　メラミン塗装の「なんちゃって漆器」をはじめ、用途だけに限定するなら、ある程度満たせるものばかりです。そして値段は限界まで安く抑えられている。

佐藤　機能も単純で、液体をこぼさず保つ、それだけです。以前、都築響一さんが刑務所の売店や矯正展で販売される、受刑者がつくったものを集めて、『刑務所良品』という写真集をつくられたとき、都築さんのキュレーションで、実際にものを展示されたことがあったんです。ひとつの部屋の調度一式を、刑務所でつくられたものだけで構成するとどうなるか、というシミュレーションだったのですが、とても面白い試みになっていました。売らんかなでつくられる商品ではなく、出所後にきちんと仕事に就くための職業訓練という仕組みの中から生まれたものたちなので、ちょっと独特で、意外と欲がなく、妙な良さがある。それと同じように、100円ショップの商品だけで部屋、生活の空間をつくってみたらどうなるか、確認してみるといいと思うんです。それで本当に豊かになれるのかと。

橋本　そうすると、豊かさとは何か、という話をしなければなりません。

佐藤　すべてのものごとが、結局そこに至ってしまうんですよね。もちろんデザインも。100円ショップの商品に囲まれた生活をしたい、と積極的に考えている人はあまりいないと思いますが、便利な時代だけに、放っておくとそうなりかねない。

橋本　それでいいじゃない、何がいけないの、という人はいるかもしれませんね。

佐藤　そうそう。それが日常、つまりケになる可能性は十分にある。でもこれだけ環境汚染や人口増加など、さまざまな問題が山積している時代になってしまったのだから、一瞬立ち止まって、日常について、豊かさとは何かということについて、真剣に考えてみてほしいんです。

　不便という話が出ると、いつもつい例に挙げてしまうのが、俳句を律する五七五というルールです。五七五という「不便」があるから、素晴らしい作品がいまだに生まれ続けている。他のクリエーションも同様で、白い紙にペン一本という条件は不便、不自由かもしれないけど、ユニークなペン画が生まれる可能性だってある。何を使って描いてもいいよ、と言われたら、むしろやりにくい。

　逆にいうと、何でも使えるからこそ、自分で自分を規定しなければならなくなった。かつての、ものが自由に揃えられない時代には、自動的にそういうシチュエーションに追い込まれていたけど、現代では自分で不自由をつくっていかないと、面白いものが生まれなくなっている。あるいは豊かな生活が何か、わからなくなってしまっているような気がします。

橋本　制約があることで、かえって豊かなものが生まれるというのはよくわかります。インターネット時代に、ウェブ上で名文が生まれないのは、基本的に字数の制限がないからですよね。紙媒体だとページ数や字数が予め決まっていて、同じテーマでも400字、800字、1200字でそれぞれ、書く時の構成や切り口がまったく異なります。我々はその制約の中で訓練を受けてきたので、どう書けばいいかをすぐイメージできるのですが、字数を決めずだらだら書くことだけやっていると、構成力がつかず、文章も上達しないような気がします。

佐藤　ビッグデータの扱いも、似たようなところがありますね。どういう縛りを設けるかで、データの塊から浮かび上がってくる情報が、まったく違うわけじゃないですか。膨大なデータの塊に対して、どういう縛りや条件を設定すれば、意味のある、そしてまだ誰も見たことのない情報が得られるのか。そここそ本当の意味でのクリエイティビティが存在していて、データそのものではないんです。さまざまなものごとが、適切なデザインを経ることで人間や社会のために生かせる形になる、その典型的な例だと思います。

橋本　ビッグデータから意味のある情報を取り出すために、どのような条件、制約が必要かを考えることがデザインである、というい方は、一般的にデザインだと思われているものとまったく違うだけに、デザインとは何かを説明するには、とてもいい実例ですね。Macのかたちをつくることが、デザインのすべてではない（笑）。

佐藤　デザインという概念が日本に入ってきた時、デザイン＝モダンデザインである、という刷り込みがなされてしまったことが、残念ながらいまだに尾を引いているんです。歴史ある絵画、彫刻、工芸などに対して、デザインなんてカタカナだから軽いし、しょせん近代に生まれてきたものでしょう、と。東京藝大でもデザイン科はあまり認められていませんでしたから。かといって他の言葉に置き換えればいいというものでもない。置き換えることで、さらなる混乱を招いてしまいかねませんから。

橋本　となると、デザインという言葉から読み取れる意味を豊かにする方向でやっていくしかない。

佐藤　はい。デザインという言葉が持つ、社会的な意味を変えていくしかないんです。

豊かさとはなにか。　©KOTARO IBA

あとがき

佐藤　卓

　１９９０年、六本木ＡＸＩＳギャラリーで初めての個展を開催して以来、気がついてみると展覧会というリアルな空間をつくることを様々な場で繰り返してきました。ただ、展覧会というメディアは、終了してしまえば記憶の中にしか残らないものです。だから、できることならば展覧会と、後世に残る本は、常にセットで考えたいと思っているのです。この度の「ケの美」は、当初本の出版までは具体化されていませんでしたが、ポーラ・オルビスホールディングス代表の鈴木郷史さんからのご提案と、オルビス株式会社のみなさんの御尽力によって、書籍化が実現し、このプロジェクトが歴史の片隅に残ることになりました。出版に関しましては、まず話をお聞きいただき本の企画から参加いただいた新潮社の足立真穂さん、文章や対談をまとめてくださった橋本麻里さん、対談場所をご提供いただいた松場登美さん他、石見銀山生活文化研究所のみなさん、そしてもちろん全ての始まりをつくってくださったオルビス株式会社の方々に、この場を借りてお礼を申し上げたいと思います。ありがとうございました。

装画・挿画
塩川いづみ

題字刺繍
横尾香央留

写真
広川泰士　参加作家のポートレート（緒方慎一郎さんの写真は除く）
　　　　　参加作家の日用品
吉田明広　参加作家の「ケの美」を象徴するもの
太田拓実　「ケの美」展会場風景

まとめ（この本について・対談）
橋本麻里

クリエイティブディレクション
佐藤卓

アートディレクション
林里佳子（TSDO Inc.）

デザイン
林里佳子＋山田知子（chichols）

協力
オルビス株式会社
株式会社ポーラ・オルビスホールディングス

ケの美
あたりまえの日常に、宿るもの

発行　二〇一八年十月三十日
二刷　二〇二五年六月三十日

編著者　佐藤卓
発行者　佐藤隆信
発行所　株式会社新潮社
〒一六二-八七一一　東京都新宿区矢来町七一
電話（編集部）〇三-三二六六-五六一一
　　（読者係）〇三-三二六六-五一一一
http://www.shinchosha.co.jp

印刷所　大日本印刷株式会社
製本所　加藤製本株式会社

ISBN978-4-10-351072-7 C0095
価格はカバーに表示してあります。